孙犁读本

孙犁论孙犁

孙晓玲 李屏锦 ◎ 主编

河北出版传媒集团
花山文艺出版社

图书在版编目（CIP）数据

孙犁论孙犁 / 孙犁著；孙晓玲，李屏锦主编. —石家庄：花山文艺出版社，2015.12（2020.6重印）
（"孙犁读本"）
ISBN 978-7-5511-2659-5

Ⅰ.①孙… Ⅱ.①孙… ②孙… ③李… Ⅲ.①孙犁（1913～2002）—人物研究 ②孙犁（1913～2002）—文学研究 Ⅳ.①K825.6 ②I206.7

中国版本图书馆CIP数据核字（2016）第009209号

丛 书 名：	孙犁读本
主　　编：	孙晓玲　李屏锦
书　　名：	**孙犁论孙犁**
著　　者：	孙　犁
编 选 者：	杨振喜
策划统筹：	张采鑫　赵锁学
责任编辑：	梁东方　贺　进
责任校对：	李　伟
封面设计：	景　轩
美术编辑：	胡彤亮
出版发行：	花山文艺出版社（邮政编码：050061）（河北省石家庄市友谊北大街330号）
销售热线：	0311-88643221/29/31/32/26
传　　真：	0311-88643225
印　　刷：	三河市华东印刷有限公司
经　　销：	新华书店
开　　本：	700×1000　1/16
印　　张：	17.5
字　　数：	200千字
版　　次：	2017年4月第1版　2020年6月第2次印刷
书　　号：	ISBN 978-7-5511-2659-5
定　　价：	35.00元

（版权所有　翻印必究·印装有误　负责调换）

20世纪90年代孙犁在天津市多伦道寓所

《读书——芸斋琐谈》手稿

1951年孙犁在天津水上公园荷花池前留影

孙犁手迹

河北省安平县东辽城孙犁故居

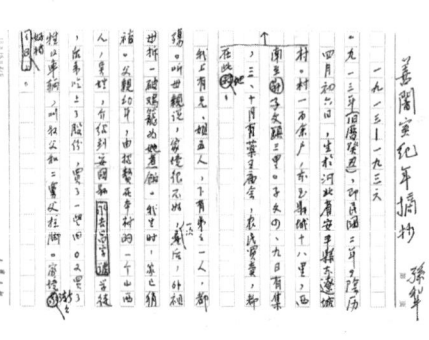
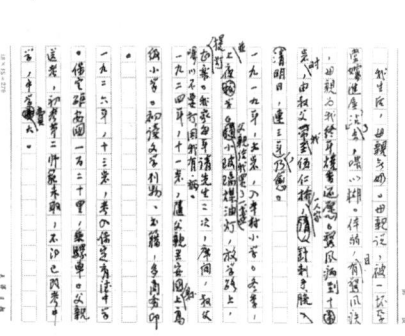

《善闇室纪年摘抄(1913～1936)》手稿

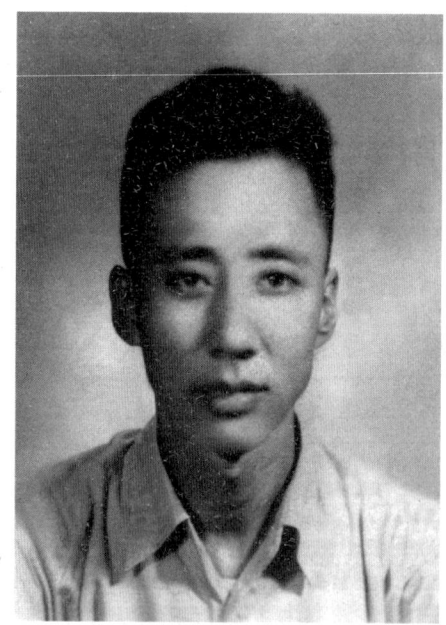

1949年进城后的孙犁

编 者 的 话

《孙犁读本》是孙犁作品的普及本。

孙犁是我国革命文学的一面旗帜,是风格独具的文学大师。在我国现当代文学史上,只有一个孙犁!

孙犁对中国革命文学的贡献,他崇高的文品人品,深深地影响了一代又一代人,被广大作家和读者所敬爱。

孙犁的抗战小说写得最好最多,《荷花淀》誉满天下。

孙犁的《风云初记》和《铁木前传》被誉为共和国中长篇小说的经典之作。

孙犁一生不随波逐流,坚持讲真话,愈到晚年,思想愈臻成熟,行文尤其老辣,他的《耕堂文录十种》不同凡响,其思想之深邃与节操之坚贞,最终成就为作家良心的光辉形象。

孙犁饱览群书,博古通今,知识渊博,是学者型作家。他的文章、题跋、书衣文录等,给予读者智慧和力量;他广泛阅读新人新作,扶植他们健康地走上文坛,有口皆碑。

《孙犁读本》面向大众,首次将孙犁的作品分门别类地作了归纳,包括《孙犁抗日作品选》《孙犁诗歌剧本选》《孙犁评论选》《孙犁书信选》《孙犁作品·少年读本》《孙犁作品·老年读本》

《孙犁晚作选》《孙犁论读书》《孙犁论孙犁》《孙犁名言录》，共十种。

  《孙犁读本》涵盖了除中长篇小说以外孙犁的全部作品，各自独立，又共为一体，言简意赅，富有新意，免除读者翻检之劳。各册编者不约而同地看中了某些篇目，不可避免地会有少量的重复；倘若完全排除重复，必有遗珠之憾。仁者见仁，智者见智。在两难之中，我们力求协调，不使偏失。

  尚祈读者、方家不吝赐教！

  本书编选过程中，阎纲先生热情指点，在此深表谢意。

编者谨识
2016 年 3 月 10 日

序：读懂父亲

□ 孙晓玲

有人说他是迎风也不招展的一面旗帜，有人说他是越打磨越亮的一面古镜，有人说他是文苑那轮皎洁的明月，有人说他是淀水荷花的精魂……不管别人怎样评价他、赞美他，他就是他——生活中我们最慈爱的父亲。

努力读懂父亲的路我走了很长，而且就算我永久地闭上眼睛，也不可能完全读懂，因为父亲是一本极为厚重极具内涵的人生大书，"大道低回，独鹤与飞"。但我愿一点一点地翻阅，用心细细地品读、了解、感悟这本书。

小时候懵懵懂懂，父亲带我参观他的写作小屋时，告诉我，他就在这里写作。那是天津市多伦道216号大院后院一排平房中的一间。过去是《大公报》创始人之一吴鼎昌用人住的地方。这间小屋只有一张写字桌、一把椅子、一张单人床。说到写作，他似乎有种兴奋，他告诉我："我吃的是草，挤的是奶。"我茫然、困惑不解，是嫌母亲做的饭不够好吗？他为什么这样说呢？后来我才知道他背的是鲁迅先生说过的一句话，那是他的心志。

在一个城市与父亲共同生活52年的岁月里，我对他的了解逐渐加深。尤其搬到蛇形楼之后我已经退休，常去看望他，父亲身体好时三言五语也给我说过他对文学创作上的一些独特见解，对我的求教也有一两点针对性的指导。父亲去世后，我历经十余年寒窗苦，在2011年与2013年写完《布衣：我的父亲孙犁》与《逝不去的彩云》两本怀思父亲的书。之后，我对父亲的作品渐渐熟悉了起来，是父亲的作品伴着我度过了远离慈父的岁月，是父亲的作品给了我莫大的安慰，给了我奋进的力量，给了我如见亲人的温暖，给了我更多写作上的点拨与规诫。我不仅是父亲的女儿，还是他的读者、学生；他不仅是我慈爱的父亲，还是对我谆谆教诲引导我写作的良师、近在咫尺的国文教员、文学启蒙人。无论过去现在，我为有这样一个父亲感到深深地自豪。不论做人为文，他永远是我学习的楷模。尤其当我发苍苍、视茫茫，年近古稀之际，能亲身体会到文学创作带给我的慰藉与快乐之时，我的心中充满感恩之情。现在我的女儿也拿起手中笔写了很多关于姥爷的回忆，在天津《中老年时报》上开辟了专栏。我们都是仰望大树的小草，根深叶茂的参天大树，一枝一叶都令我们景仰无限，叹为观止。

在父亲孙犁七十多年文字生涯里，他用心血凝聚了300多万字的心灵之作。这笔丰厚的文学遗产，是中外优秀文化遗产的继承与发展，尤其是对鲁迅文化遗产的继承与发展，留给了后人，留给了民族，留给了中国现当代文库。

父亲而立之年在延安窑洞写出成名之作《荷花淀》，以高超的艺术手法，传递了民族精神、爱国热情；不惑之年父亲满怀激情在天津市和平区多伦道原155号《天津日报》编辑部写出抗战题材长篇小说《风云初记》，成为烽火中的抗战文学红色经典、爱国主义优秀教材。在和平区多伦道216号侧院《天津日报》宿舍披星戴月写出中篇小说《铁木前传》，被称为共和国中篇小说经典扛鼎之作；花甲之年至耄耋之年，他在天津市多伦道大院与南开区蛇形楼内呕心沥血又写出了十本散文集,四百多篇文章。这十本小书,浸透着父亲"沉迷雕虫技,至老意迟迟"十三年废寝忘食的投入,焕发着老树着新花的光彩,闪烁着真知灼见的光辉。20世纪80年代初,八卷本《孙犁文集》面世。这八本文集,民族魂魄铸雄文,浸透着父亲半个多世纪以来文学历程的心血才智,字字似珠玑,篇篇有情义,创造了一个历经关山考验,白纸黑字可不作一处更改的奇迹。

父亲一生虚心向生活学习、向人民学习,他把生活留给了历史,历史也留住了他的文学生命。他是一位一生向人民奉献精品的作家。

为了弘扬伟大的爱国主义精神,为了弘扬中华民族优秀传统文化,为使优秀文艺作品成为人民群众的知心朋友,我于2015年——中国人民抗日战争暨世界反法西斯战争胜利70周年这一具有重大历史意义之年,抱着"缅怀先生莫如读他的作品"这一理念,怀十三年追思之痛,仰高山之大美、叹芸斋之丰赡、赞耕堂之奉献,与父亲友人花山文艺出版社原副总编辑、资深编审李屏锦先生共同主编了这套丛书。他与我父亲生前交往甚洽,这次编书不遗余力地给了我极大帮助。此"孙犁读本"系列包括:《孙犁抗日作品选》《孙犁诗歌剧本选》《孙犁评论选》《孙犁书信选》《孙犁作品·少年读本》《孙犁作品·老年读本》《孙犁晚作选》《孙犁论读书》《孙犁论孙犁》《孙犁名言录》,共十种。

在花山文艺出版社领导张采鑫、赵锁学等同志的鼎力支持下,在杨振喜、刘传芳、郑新芳、梁东方等孙犁研究专家、学者、编辑的齐心努力、不辞辛劳工作中,这套饱含对孙犁先生思念与景仰,崭新、素雅、简朴、易读、面向广大读者的丛书终于面世。

怀文学梦　一生追寻

父亲自小聪慧好学，奶奶常夸他"三岁看大，七岁知老，从小爱念书"。还是在本村上小学时，教书先生就对我爷爷说："你这个孩子，将来会有更大的出息。"上高小后父亲便爱上了新文学作品，除了课堂受教，他经常利用课外时间阅读报纸图书，他的同学们都知道，操场上少见他的身影，图书馆是他最爱待的地方。

"不积跬步无以至千里，不积小流无以成江海。"在文学理想追求上，父亲一生不仅极为执着，极为勤奋，而且也与梦悠悠相关、绵绵缠绕。从他少年时的"求学梦""莲池梦"，青年时的"文学梦""青春梦"，壮年军伍时的"游子梦""报国梦"，晚年时的"耕堂梦""芸斋梦""桑梓梦""还乡梦"，他有追梦的"无与伦比之向往"，有梦想破灭的失意与痛苦，也有美梦成真的快乐欢欣。

自青少年时期受到《红楼梦》《聊斋志异》《牡丹亭》及唐诗宋词这些与梦有关的古典文学影响，父亲对博大精深的中华民族"梦"文化也有兴趣。在父亲晚年创作中，《书的梦》《画的梦》《戏的梦》《戏的续梦》《青春余梦》《芸斋梦余》，皆以"梦"字为题，而《亡人逸事》《老家》《包袱皮儿》《一九七六年》《幻灭》《关于〈山地回忆〉的回忆》等一些充满亲情、乡情、军民鱼水情和切身感受的作品，也不乏梦的情愫。他默默地如春蚕展吐，不断地编织已逝的旧梦，在静静的编织中，又不时补进现实沉潜的感受。

"梦的系列"是父亲晚年创作中的一个重要组成部分，是他十年梦魇之后，孤独反思、寂寞为文所留下的不可忽视的一道独特的文学景观，与"白洋淀系列"相比，尽管两者风格截然不同，前者荷浮幽香、清新隽永，后者老辣逼人、意蕴丰厚，但都紧紧触摸着时代的脉搏，都是他心路历程的凝结。

文如荷美　品似莲清

　　文品、人品的高度统一，造就了父亲作品历久弥新的生命力。

　　父亲一生爱国家、爱民族，七七事变后，抛妻舍子告别双亲，带着一支笔投身抗日洪流，走上革命的路，写作的路。战乱奔波，行军跋涉，被大水冲走过，被炸弹爆炸惊吓过，上前线采访险遭不测过，在蒿儿梁病倒过……山边、地头、农舍，他创作了大量优秀的抗日作品，为这场保家卫国的伟大战争做出了热血男儿安邦御辱的无私奉献。及至晚年，日本帝国主义的铁蹄声犹在耳畔，敌人肆虐后的战士、群众、孤儿寡母哭啼声犹在耳畔，不忘国耻、警钟长鸣。生活中他布衣素食，不求享受，甘于清贫，不慕奢华；在平凡的生活中我行我素地保持着他对文学理想神圣的追求。

　　1966年惊心动魄的"文革"开始后与父亲共同经历了多次被抄家、被逼迁，共同经历了人妖颠倒、文士横死、文苑凋零的严酷与惨烈，父亲的文学梦被无情摧毁。我深知这一"史无前例的文化运动"对他造成的心灵伤害。

　　父亲在逆境中不向权贵折腰，不跟风、不整人。我亲眼看见，父亲向造反派交代的材料上只有一行开头，无半句下文；我亲耳听他沉痛地呐喊："这是要把国家搞成什么？"别看父亲体质瘦弱，可他是非分明、疾恶如仇，铜枝铁干无媚骨，不管形势多么复杂、多么混乱，他头脑清醒不盲从，更不做违背良心良知的事情，有传统知识分子的风骨。

　　"四人帮"祸国殃民的邪恶凶残，令这个正直的作家深恶痛绝。任风云变幻、黑云压城，他铁骨铮铮，宁折不弯。十年动乱、头戴荆冠，他不跟形势修改自己的抗战作品，一字不动，宁可沉默，不昧天良；任污蔑辱骂，不求助于位高有势的权威、新贵以求"解放"。他浊清分明，耻于跟那些帮派文字登在同一版面。

书衣残帛记心语，旧牛皮纸封皮上一段段语句，犹如日记，倾吐出他内心多少积郁忧愤。

父亲极其尊崇热爱鲁迅先生，诗人田间在艰苦的条件下曾赠他"横眉冷对千夫指，俯首甘为孺子牛"两寸宽窄纸对联，与他相互激励。

我记得与父亲谈话，涉及先生的照片集、作品，只要提到鲁迅先生，父亲神情声音便立时充满了仰慕与崇敬，双眼闪现出钦敬的光芒。

鲁迅先生伟大的人格，对民族强烈的责任心，疾恶如仇、爱憎分明的战斗精神，对文学事业至死不渝的耕耘努力，是父亲一生的楷模。父亲晚年依然忧国忧民，关心国家精神文明建设，捍卫民族文化与自尊。他认为"文化大革命"首先破坏的是文化，文化的含义很广，它包括中国的历史和传统，道德和伦理，法律规范和标准，"文化大革命"破坏污染了人的灵魂，流毒深远，一时难以复原。"文革"以后，国民的文化素质，呈急剧下滑状态。为了捍卫民族语言的纯洁性，回击随意践踏中华民族语言的一股邪流；为了抵制那些说起来很时髦，听起来以为很潇洒，实际上对青少年成长极为不利，甚至诱导犯罪的口号；为了揭露某些作品媚俗、色情、暴力等精神污染给社会带来的种种危害；为了用美好高尚的文学作品为青年一代提供优秀的精神食粮，托起祖国明天的希望，这位年高体弱的抗战老战士，仿佛又听到祖国民族的召唤，以凌厉的战斗姿态，披坚执锐，跃马扬鞭，驰骋疆场，一往无前。

书生模样，战士情怀，君子本色。晚年父亲抨击文坛不正之风，无私无畏，哪怕孤军作战，腹背受敌决不退缩，决不投降！正如诗坛泰斗臧克家先生称赞孙犁那样：批判文坛不正之风，少有顾忌，直抒胸臆，"具有卓然而立的精神"。

无论小说、散文、诗歌、剧本，孙犁先生的作品都能给人以美的享受，如同没有被污染过的纯正的粮食一样，别样甘甜、香醇。

父亲的散文，是他一生默默耕耘的悠长的犁歌。从小小少年在育德中学刊物上发表习作开始，到耄耋之年仍挥毫不辍，一时一事一景一情，无不记下自己的足迹、时代的弦歌。耕堂散文清雅质朴，意境深邃，个性突出，文字练达，富含哲理，真情毕现，是他人生历程鲜活的记录。

"感情的真挚与文字朴实无华是写好散文的要素。"这是父亲在《论散文》中强调指出的。他自己也遵循了这一要旨，正因如此，他的许多名篇名段至今仍被他的读者津津乐道、默默涵泳，具有春草夏荷般的生命力。

不论是他的"病期琐谈"还是"芸斋梦余"，不论是"往事漫忆"抑或"乡里旧闻"，他纯熟的白描手法、寓意深远的抒情、含蓄多弦外之音的表达、简洁朴实的语言素为研究者所称道。

读父亲的散文，尤其是晚年之作，常常让我流下感动的泪水，就是因为感动于《亡人逸事》，父亲不弃糟糠、对妻子至深情感，2003年5月我写出了《摇曳秋风遗念长》一文。其实有些篇章，父亲新写出来后自己也一遍遍诵读、背读，自己也不禁流出对文学神圣力量感动的泪水。历经战乱流离、天灾人祸，荣辱沉浮、病痛折磨，写作是对他的慰藉、同情和补偿，无可替代。他常常在寂寞、痛苦、空虚的时刻进行创作，他常常在节假日别人欢喜游乐时进行创作，他常常在深夜月光下、在别人休息酣睡时进行创作，全身心投入使他忘记了病痛。

"子夜荧荧，灯昏欲蕊；萧斋瑟瑟，案冷凝冰。集腋为裘，妄续《幽冥》之录；浮白载笔，仅成孤愤之书。"父亲晚年以古人顽强创作心志，远离红尘闹市在孤独寂寞中著书，在他书房的书柜上有台灯，在他睡觉的床头有台灯，月光不知为他伏案窗前投下多少光亮。

坎坷际遇，沧桑容颜；苦辣酸甜，乡情浓酽；战友情深，依依难忘；怀思清幽，情凝笔端。"创作贵有襟怀，有之虽绳床瓦灶，也无妨文思泉涌；无之，虽金殿皇宫，也无济于事的。"父亲在《远道集》"宾馆文学"文中这样慨叹。他的《荷花淀》写于延安窑洞，马兰草纸、自制墨水、油灯摇曳、木板搭床、砂锅瓦罐、伙房打饭，他自得其乐。在他晚年，箪食瓢饮、老屋陋巷亦铸华章。

时间是最严厉也是最公正的评判者。

父亲一生没有大红大紫，许多作品还经常受到指责和批判。《铁木前传》更让他背负骂名，九死一生，家破人亡。"十年荒于疾病，十年废于遭逢。"只要能拿起手中笔，他就会写作，倾吐心声。历经岁月的洗礼，大浪淘沙，如今他的作品被更多的研究者所称道，为更多的读者所欣赏，曾被他自己定位"我的作品寿命是五十年"的期限已经大大超过，安息于天国的他应感欣慰。

白洋游子　故园情深

由于父亲写过《荷花淀——白洋淀纪事之一》《芦花荡——白洋淀纪事之二》《白洋淀边一次小斗争》《采蒲台的苇》《一别十年同口镇》《白洋淀之曲》（诗歌）《莲花淀》（剧本）等多种文学形式的有关白洋淀的作品，有不少读者误认为他是白洋淀人、衡水人。其实父亲的老家是河北省安平县东辽城村，距离白洋淀还有一段路程。对故乡，12岁就外出求学的父亲一往情深，故乡的乳汁、故乡的恩泽在他身上和作品里都打下了深深的烙印，

"梦里每迷还乡路,愈知晚途念桑梓。"愈到晚年他思乡愈切。父亲家乡临近滹沱河,经常旱涝不收。虽不富庶,但生养之地民风淳朴。在父亲的晚年文字中,《度春荒》《童年漫忆》《蚕桑之事》《听说书》《第一个借给我〈红楼梦〉的人》《贴春联》《父亲的记忆》《母亲的记忆》《老家》《鸡叫》……皆饱含深情。童年与小伙伴们的野地追逐,乡风民俗,老屋炊烟,亲情挚爱,哪一样不让白洋淀游子怦然心动,魂牵梦萦?安平,古称博陵郡,历史悠久,是革命老区,因"众官民安居乐业且地势平坦"而得名。这个吉祥的县名,小时候常听父母念叨。如今的安平县,发生了巨大变化,已成为闻名中外的"丝网之乡"。

如果现在走进河北省安平县父亲的故乡,无处不在的"孙犁故里"安平精神与孙犁精神融为一体,您一定会被这里强烈的爱国爱乡氛围所震撼。"孙犁纪念馆"由前文化部长、著名作家王蒙先生亲题,"纪念孙犁书画苑"由著名作家贾平凹先生亲题。沈鹏、欧阳中石、霍春阳、从维熙、徐光耀、梁晓声等国内180多位著名书画家、作家捐赠作品展出。重新修盖的"孙犁故居"四字匾额由诺贝尔文学奖得主莫言先生亲书。故居内设八块孙犁作品碑林,展示其文学业绩。在安平烈士陵园则有父亲亲手撰书的"英风永续"四个大字,他亲自撰写的《三烈士事略》英烈事迹也垂教后来,诵颂百代。文韵荷香,铁肩担道义,妙手著文章。故乡人民以他为骄傲,这位一生心系故土的作家,家乡人民永远怀念他。

父亲生前极为关心学生教育问题,关心青少年成长环境。他关心家乡子弟读书学习的事迹至今在河北省安平县广为传颂。

父亲一生不喜仕途,远离官场,晚年更是足不出户,囿于耕堂之地,不爱出头露面开会应酬。在天津,对那拿着一沓子钞票找上门来的求他题写饭店匾额的老板拒之门外,一字不供。可他

1983年为天津市少年儿童基金会捐款2000元（那时候写一本散文集稿费是600元～700元，需写一年）。后又将家乡祖产大小五间房屋，片瓦不留，全部捐给乡里办学并捐资；先后为安平中学、安平县"大子文乡中学""孙遥城小学"题写校牌，题字。一方面是对故乡难以割舍的感情，一方面是对家乡莘莘学子的爱护与期望。"祖宗的烙印我是从安平土地上产生出来和走出来的。"父亲如是说。

1953年，父亲曾回乡为安平中学学生传艺授课，讲《如何写作》之课题，当时有30名由学校精挑细选出来的学生听课。回津后，父亲又给学校寄去包括鲁迅、冰心在内的多种经典名著，还有自己的作品。他特别关心县里的文化教育事业，希望县领导千方百计地以教育的繁荣和发展来保证乡亲们尽快地富裕起来，日子一天比一天好。

如今，孙犁先生手持书本4.6米高的汉白玉立像矗立在安平中学孙犁广场，长青植物映衬着松柏后凋的品格，黄色的菊花寓意着"人淡如菊"的布衣精神；底座"孙犁"二字由中国作家协会主席铁凝亲题。

水秀地灵华北明珠白洋淀地区曾是冀中抗日根据地，虽然不是父亲的生身之地，但它是父亲重要的第二故乡。正是由于有在白洋淀边一段教书难忘的宝贵的生活经历，才能使父亲在文学生涯里形成了重要的白洋淀系列。1958年由康耀伯伯帮助病中父亲编辑的《白洋淀纪事》由中国青年出版社出版，初收54篇孙犁小说散文，此后多次再版。1981年2月，父亲在为友人姜德明同志所藏精装本《白洋淀纪事》题字时这样写道："君为细心人，此集虽系创作，从中可看到：一九四〇年到一九四八年间，我的经历，我的工作，我的身影，我的心情。实是一本自传的书。"

晚作十种　激浊扬清

"衰病犹怀天下事，老荒未废纸间声。"晚年父亲的《晚华集》《秀露集》《澹定集》《尺泽集》《远道集》《老荒集》《陋巷集》《无为集》《如云集》《曲终集》十种作品集一一问世。他不忘文学的崇高使命与作家的神圣职责，发扬并丰富了我国革命文学的现实主义传统，以深邃之思想，创新之文体，鲜明之艺术风格及炉火纯青之文字，为商品经济下的当代中国读者构筑了一座守望自我与真善美的精神家园。1995 年 5 月 30 日，父亲在耕堂亲自抄录了作家曾镇南先生写给他的一本嵌十本小书名的五言诗，并送给了我。

父亲录后写道："余衰病之年，曾君镇南屡作关怀之辞，近又作五言一首嵌拙作十书于内，诗有魏晋风神，声音清越，喜而录之。"

那天上午，父亲抄录完此诗受到鼓舞，心情喜悦，连年劳苦不觉一扫，顺手将此书幅递给了我，今愈知其宝贵胜金。父乃谦谦君子，没有张扬发表造势之意，唯有默默留作纪念之心。经自己练笔多年感悟，方知父亲连续奋战十三个春秋，孜孜矻矻、不眠不休、日夜兼程、焚膏继晷之万般辛劳。

淡泊名利　德谦行逊

回眸历史，70 年前，1945 年 5 月 15 日（当时报纸上刊登的是"中华民国三十四年"），在延安《解放日报》当天报纸第四版右上角登出一篇五千字左右的小说，题目是《荷花淀——白洋淀纪事之一》，版式竖排。开篇那段著名的"月亮升起来，院子里凉爽得很，干净得很，白天破好的苇眉子潮润润的，正好编苇。苇眉子又滑又细，在她怀里跳跃着……"伴着诗一样的语句，一个质朴、宁静、勤劳、柔美的冀中青春妇女形象一下子跃入人们的眼帘……一个富有传奇人生色彩、将生命附丽于文学的作者瞬间迸发出耀眼的光华。那简洁明快的语言，那巧妙的构思，那充满浓郁的生活气息的对话，那新鲜的创作手法，尤其出自年轻的妻子们口中的埋怨与谑语，更是出神入化，令人称绝。这篇小说不仅是一首令人心神陶醉的抒情乐曲，而且称得上是一支振奋人心鼓舞斗志的战歌。

不同凡响的稿件犹如一块石头投入平静的湖水，激起不小的浪花，当副刊编辑方纪拿到这篇稿件时高兴得差点儿就跳了起来，报社整个编辑部都为之轰动。发表后，更是好评如潮。随着美誉传陕北，人们知道了作者的名字，这是接受上级命令奉调从冀中步行千里奔赴抗日中心的一名原华北抗日联大的教员，他现在是延安鲁艺的研究生，第六期的学员，他的名字叫"孙犁"。这位从冀中走来的年轻作者，从此蜚声文坛。"清新庾开府，俊逸鲍参军"，兼有现实主义与浪漫主义美学风格的《荷花淀》迅速被重庆《新华日报》和解放区的各报相继转载，新华书店和香港书店又分别收集了他的其他作品出版了《荷花淀》小说散文集。此后以《荷花淀》命名的版本不断问世，至今印刷不衰。

凡读过此文的读者，总有这样深切的感受，爱国的情怀充溢着身心；浓密的芦苇是军民筑起的长城；挺出水面的荷箭，是射向日本侵略者的武器；小船上几个年轻妇女，正警觉着四周动静；潜伏在硕大荷叶下的八路军战士正准备开展一场针对鬼子的生死歼灭战。

至今，《荷花淀》巨幅彩色壁画陈列在中国现代文学馆大厅显著位置，彰显着这篇文学经典与作者在中国当代文学史上的地位。《荷花淀》不是从血与火、你死我活的残酷战争场面,而是从人性美人情美的另一个角度解读人民战争。它不仅以它独有的艺术魅力吸引着几代读者阅读、欣赏,更是列入了全国语文统编教材和大学文科现代文学必读书目;也曾多次列入中学语文课本,而今正向青少年阅读领域迈进。

据我所知,1945年在延安,毛主席读了刊登在《解放日报》上的短篇小说《荷花淀》之后,用铅笔在报纸边白上写下"这是一个有风格的作家"给予赞赏。

我十几岁时有幸与父亲就《荷花淀》的写作问题进行过面对面的交流,那简短的对话成为我向父亲求教写作知识最珍贵的记忆。他那从容的回答,喜悦的神情,受了赞扬有些腼腆的样子,深深地印在女儿心里。我总的感觉是他在西北风沙很大的黄土坡上写了淀水荷花,所以延安的人们喜欢看;他在"那里的作家都不怎么写"的情况下(刚整风完)标新立异,所以受稀罕;当时他写作条件不好,可是写得很顺,得心应手,一气呵成。父亲的原话是:"在窑洞里,就那么写出来了,连草稿也没打。"对名著的诞生,他说得轻如风淡如水,没有标榜,没有炫耀,没有拔高,没有自得。

20世纪40年代,父亲的《丈夫》和《区村和连队的文学写作课本》获晋冀边区文联鲁迅文艺奖;20世纪80年代父亲荣获全国老编辑荣誉奖,1986年11月获全国新闻工作者协会荣誉证书;1989年4月《孙犁散文选》荣获全国优秀散文(集)、杂文(集)荣誉奖;1983年至1988年,《远道集》《谈作家的素质》《耕堂序跋》连续三次获天津市鲁迅文艺奖;1986年至1990年,《谈照相》《一个朋友》《近作之写》等三次获《羊城晚报·花地》佳作奖。1995年8月15日,中共天津市委宣传部在纪念抗战胜利和反法西斯战争胜利50周年之际,为表彰他自抗日战争以来为革命文艺工作做出的贡献，颁发给他"抗战文艺老战士"荣誉证书。这些荣誉父亲生前从没跟我提起过，是我整理他的遗物时收集的。

大约1996年、1997年前后，有一次父亲跟我说："我不同意'南有谁谁，北有谁谁'的说法。人家是人家，我是我。"据我所知，"南有某某，北有某某"在戏剧界、美术界早有这种提法，如"南有麒麟童，北有马连良""南有张大千，北有溥心畲"等等。凡能有这种提法的，都是名气非常大、艺术造诣极深的人物。"南有巴金，北有孙犁"这一盛誉谁不景仰？而父亲坚决不接受这种提法。他觉得巴金先生那么大成就，自己比不了。如同他坚决不同意说他是"荷花淀派"创始人的说法一样，对别人求之不得送上门的顶级荣誉他拒不接受。1962年，49岁的父亲便写过《自嘲》这首诗："小技雕虫似笛鸣，惭愧大锣大鼓声。影响沉没噪音里，滴澌人生缝罅中。"他敢于把自己一生中的不足、缺点都写进文章，谦谨好学、不浮不躁、实事求是伴随了他的一生。他把自己看作一滴水，只有融入江河，流向大海才不会枯竭。

桃李不言　下自成蹊

2011年11月5日，由中国报纸副刊学会与天津日报社联合主办的"2011孙犁报纸副刊编辑奖"在天津静海县颁奖。这也是天津文艺界、新闻界的一份荣光。父亲虽然离开了我们，但他甘为他人做嫁衣、甘为人梯、做铺路石的无私奉献精神将激励副刊工作者奋发向前，创造辉煌。

进城后，父亲是《天津日报》的创始人之一，在长期从事文艺副刊编辑工作中，倾注心血培育新苗，他以《天津日报·文艺周刊》为园地，与同仁共同培养了很多文学幼苗成长为参天大树，已成文坛佳话。但他从不以文坛伯乐自居,更不当状元的老师。看到年轻人从自己这个低栏跳过,他由衷地感到高兴。他以书信为载体,与多位青年作家、编辑保持联系,对他(她)们进行写作上的鼓励,被誉为"我国报刊史上一代编辑典范"。

父亲愿化作"尺泽",润泽过往善良的鸟兽,他的这种精神,就是奉献精神,园丁精神。2013年,著名作家从维熙先生在为拙作《逝不去的彩云》一书所作序中写道:"从文学的视角去寻根,我也是孙犁这棵文学巨树的一片树叶。孙犁作品不仅诱发我在青年时代拿起笔来,而且在我历经冰霜雨雪之后,是继续激励我笔耕至今的一面旗帜。不只我一个人受其影响,而踏上了文学笔耕之路,仔细盘点一下,真是可以编成一个文学方阵了——这是老一代作家中罕见的生命奇迹。"

一生爱书　不离不弃

父亲深厚的文化积淀与广博的学养来源于中外优秀典籍之馈赠。与父亲在一个城市共同生活这么多年,感受最深的是他对书的感情。

他对书一往情深,从年轻时脖颈上套着装有鲁迅先生作品的布包行军打仗、跋山涉水,与身上背的干粮、墨水瓶一样行止与俱,有空就读,到老年坐拥书城,满室书香,每本心爱之书不是有书衣便是有书套,舒舒服服待在书柜里,他为之掸尘、补缺,他为书衣写字题跋,视若"红颜知己",不离不弃,白头偕老。他与书是一生结缘、心心相印。

他嗜书如命、喜欢读书仿佛是与生俱来的。我母亲说他对书"轻拿轻放,拿拿放放""最待见书"。他自己跟我说,报社爱打扑克的人有句口头禅:孙犁搬家——净书(输)。

好的书籍对于父亲不是消遣、不是娱乐,他自己曾写过:书给他以憧憬,给他以营养,给他以力量,给他以启示,使他奋发,使他前面有希望,使他思想升华……他视好的书籍为指路明灯、精神的栖息地。

在艺术探索的道路上,父亲就像摆在他书柜上的那匹驮着绿色水囊的唐三彩骆驼一样,不畏艰难,跋涉大漠,仰天长啸,奋勇直前。父亲晚年独居静室,"素处以默,妙机其微,饮之太和",广泛吸收着中华典籍丰美优良的传统文化精华,自由翱翔于文字时空,沉浸于清纯、悠远的创作境界。

父亲是令人钦敬有真才实学的学者型作家,德、才、学、识兼备,集小说家、散文家、理论家、批评家、诗人于一身,有多方面的艺术才能。他的文艺理论、文艺批评见解精湛,读其文论"可兼得学问、见识、文采三者之美"。一些精辟、精彩之句,常为文学爱好者背诵摘抄、引用学习,成为文学入门必读之章。他的大量有关读书的文章深入浅出、观古知今,文字清峻古朴,有浓郁的文人气质,有其独特的艺术欣赏趣味。

他的诗歌有散文之美,以记事为主,发哲人之思,是他"处世的情怀之作"。父亲从小便与诗词相伴,读诗、写诗求知萤火边。早年流浪北平,他获得的第一笔稿费五角钱也是因诗而得。他的诗中我最喜欢《自嘲》《悼念小川》及《大星陨落》《生辰自述》中的四言诗。其古体诗《悼内子》是写给我母亲的,令我今生难忘永怀于心。"雕虫蒙记忆,烹鲤问沉绵",他的书信近年被广泛搜集,通信人众多,友人、作家、文学评论家、编辑、文学爱好者、同学、青年学生、家乡校长、县领导等等,内容极为丰富,其中有多封涉及文学创作方面的交流探讨,尤为可贵。

他的"芸斋小说",是个人切身经历的情感体验。还有不少的杂文、随笔,以犀利的笔法,剖析国民品性,针砭假恶丑,呼唤真善美的回归。

彩云即使随风流散,也会化作春雨润物细无声;飘落的黄叶,即使归入泥土,也会化作春泥护花红……

2015年5月23日是父亲生辰之日,如果他还活着,是102岁。他属牛,笔名芸夫,他一生就像一位田间戴笠的老农执犁扶耨,不怕风吹日晒,不惧冰雹霜雨,默默耕耘,春种秋收。"文章能取信于当世,方能传世于后代。"我相信他用毕生心血汗水凝结不欺人、不自欺的心灵文字,充满"真诚善意,名识远见,良知良能,天籁之音"的道德文章,会继续散发出人品与文品完美结合之双重魅力,润泽滋养更多读者的心灵,为书香社会增添正能量,引导更多的文学爱好者走进文学曲径通幽、姹紫嫣红的艺术园林。

2015年4月28日

目 录

生平自述

我的自传	3
生辰自述	6
《善闇室纪年》序	9
《善闇室纪年》摘抄	11
我的童年	11
在安国县	13
在北平	15
在延安	19
移家天津	21
《我的丛书零种》附记	25
第一次当记者	26
新年杂忆	31
新年悬旧照	34
包袱皮儿	36

书　信	38
亡人逸事	41
父亲的回忆	45
唐官屯	48
老　家	51
无　题	53

文学与生活的路

保定旧事	57
平原的觉醒	63
在阜平	
——《白洋淀纪事》重印散记	67
某村旧事	71
删去的文字	77
同口旧事	
——《琴和箫》代序	81
石　子	
——病期琐事	89
黄　鹂	
——病期琐事	92

文字背后的孙犁

关于《山地的回忆》的回忆	99
关于《荷花淀》的写作	103
《青春遗响》序	106

《尺泽集》后记	110
《远道集》后记	112
《陋巷集》后记	114
《无为集》后记	116
《耕堂杂录》后记	119
《秀露集》后记	120
《澹定集》后记	123
文集自序	125
《曲终集》后记	130

关于创作的对话

致康濯的十二封信	133
给田间的两封信	146
致阎纲	149
关于《铁木前传》的通信	151
文学和生活的路	
——同《文艺报》记者谈话	154
答吴泰昌问	171
致丁玲	178
关于我的琐谈	
——给铁凝的信	180
关于编辑工作的通信	183
关于小说《蒿儿梁》的通信	190
致谌容	195
和郭志刚的一次谈话	198

题文集珍藏本……………………………………………… 218

文 场 闲 话

芸斋琐谈……………………………………………………… 223
  谈"打"…………………………………………………… 223
  文学与乡土……………………………………………… 225
  谈　死…………………………………………………… 226
  谈照相…………………………………………………… 228
  照相续谈………………………………………………… 230
风烛庵杂记…………………………………………………… 233
我的位置和价值……………………………………………… 237
庸庐闲话……………………………………………………… 240
  我与官场………………………………………………… 240
  我的仗义………………………………………………… 242

编后记………………………………………………………… 244

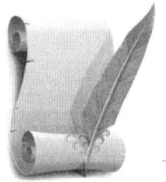

生平自述

我 的 自 传

一九一三年我生于河北省安平县东辽城村,那是一个很偏僻的小村庄,幼年就在这里度过。十二岁,我跟随父亲在安国县城内上高级小学,住在一个亲戚家里。安国县离我的家乡有六十里路,这是一个以中草药聚散地而闻名全国的城市,相当繁华热闹。在这里,我开始接触了"五四"以后的文学作品,例如文学研究会的东西,其中有鲁迅、叶圣陶、许地山的小说。我开始阅读当时商务印书馆出版的各种杂志。

十四岁,我考入保定育德中学,在北方,这是一个相当有名的私立中学,它以办过勤工俭学的留法准备班,培训了不少人才著名。在初中读书期间,我开始在校刊《育德月刊》上发表作品,其中有短篇小说和独幕剧。在高中时,我阅读了当时正在流行的社会科学和苏联十月革命以后的文学作品,主要是鲁迅和曹靖华翻译的文学作品。这一时期,我对文艺理论发生了兴趣,读了不少这方面的著作,并开始写作这方面的文章。

高中毕业后,我无力升学,父亲供给我上中学,原是希望我毕业后考邮政局,结果未得如愿。我在北平流浪着,在图书馆读书或在大学听讲,继续投稿,但很少被选用。为了生活,我先后在市政机关和小学校当过职员。

一九三六年的暑假后,我到安新县同口镇的小学校教书,当六年级级任和国文教员。在这个学校,我从上海邮购革命的文艺书刊,继续进修,并初步了解了白洋淀一带人民群众的生活。

一九三七年冬季,我参加了抗日工作。在冀中区,我编了一本革命诗人的诗抄叫作《海燕之歌》,在那样困难的条件下,铅印出版。在《红星》杂志上,我发表了长篇论文《现实主义文学论》。在《冀中导报》的副刊上,发表《鲁迅论》。一九三八年秋季,我在冀中军区办的抗战学院当教官,教《抗战文艺》和《中国近代革命史》。

一九三九年我调到晋察冀边区所在地——阜平,在刚刚成立的晋察冀通讯社工作,在那里,我编写了一本供通讯员阅读的小册子《论通讯员及通讯写作诸问题》,铅印出版。我做通讯指导工作,并编辑油印刊物《文艺通讯》,它是晋察冀最早的文艺刊物之一,在上面,我发表了《一天的工作》和《识字班》等作品。

此后,我在晋察冀文联、《晋察冀日报》、华北联大,做过编辑和教学工作,同时进行文学创作。

一九四一年,我曾回冀中区一次,在那里,我帮助编辑了《冀中一日》,并以编辑心得写成了《区村和连队的文学写作课本》,即后来的《文艺学习》。

一九四四年,我去延安,在鲁迅艺术文学院工作和学习。在延安,我发表了《荷花淀》《芦花荡》《麦收》等作品。

一九四五年,日本投降,我回到冀中,下乡从事写作,参加土地改革工作,我写了《钟》《碑》《嘱咐》等短篇小说和一些散文。

一九四九年进天津,在《天津日报》工作。在这里,我写了《风云初记》和《村歌》等作品。

一九五六年,我身体开始不好,写作就少了。

我的作品有:小说散文集《白洋淀纪事》,散文集《津门小集》,

诗集《白洋淀之曲》，长篇小说《风云初记》，中篇《铁木前传》，论文《文学短论》《文艺学习》，选集《村歌》，儿童读物《少年鲁迅读本》《鲁迅、鲁迅的故事》等。

一九七八年八月二十三日于天津

生 辰 自 述

余之初生，母亲失乳，
困处僻乡，无以为哺。
乃用蒸馍，发酵煮粥，
以之育儿，生命得续。
又患惊风，忽然抽搐，
母亲心忧，烧香问卜。
及余稍长，体弱多病，
语言短缺，有似怔忡。
智不足商，力不足农，
进校攻书，毕业高中。
旧日社会，势力争竞，
常患失业，每叹途穷。
初学为文，意在人生，
语言抒发，少年真情，
同情苦弱，心忿不平。
天地至大，历史悠长，
中华典籍，丰美优良。

孜孜以求，他顾不遑，
探寻遗绪，发射微芒。
战争年代，侧身行伍，
并非先觉，大势所趋。
无赫赫功，亦尝辛苦。
燕南塞北，雨雪冰霜，
屡遇危险，幸未死亡。
进城初期，正值壮年，
寄食报社，斗室一间。
政治斗争，改弦更张，
风雨所及，时在文场。
生性疏放，不习沉浮，
洋场红尘，心气不舒。
终于大病，休养海滨，
老母逝去，遗恨终身。
一九六六，忽遭大难，
腥风血雨，天昏地暗。
面目全非，人心大变，
如入鬼蜮，如对生蛮。
网罗所收，罪皆无辜，
发汗沾衣，奇耻大辱，
天地不仁，万物狗刍。
每念自杀，怯于流血，
迫害日深，犁庭扫穴。
幸遇清明，得庆重生，
垂垂已老，荣辱皆空。
性命修短，不在意中。

九死余生，亦有经验，
箪食瓢饮，青灯黄卷，
与世无争，与人无憾。
文士致命，青眼白眼，
闭门谢客，以减过衍。
贫富易均，人欲难填，
刻忮残忍，万恶之源。
人心惟危，善恶消长，
劝善惩恶，文化教养，
刑法修剪，道德土壤。
文学艺术，教化一端，
瞻望前景，有厚望焉。

跋

　　以余身体之素质及遭遇，延至今日，寿命可谓长矣。余素无养生之道，亦不信厚自供养可以保全身命延年益寿之说。中年以后，方知人生之险恶；高卑易处，乃见世态之炎凉。勇怯由于势，爱憎出于私。与人为善，不必望善报；谨小慎微，未必得坦途。同情怜悯，乃青年期赤心之表露，身陷不幸，不可希求于他人。要之，不以生活之变化自伤其心，丧其初志，动摇其大节。此志士仁人之所能，为可贵耳。

一九八一年五月九日，阴历四月初六

《善闇室纪年》序

在天津这个城市，住了二十五年。常常想离开，直到目前还不能走；住的这个宿舍，常常想换换，直到目前还不能搬家。中间虽然被迫迁移一次，出去三年，终于又回来了。我不知道要在这个地方，住到什么时候。

街上太乱太脏，我很少出门。近年来也很少有人来我这里。说门可罗雀是夸张的，闭门却轨却是不必要的。虽然好弄书，但很少能安心看书。有些人不愿去接近，有些语言不愿去听。我并不感到寂寞、苦闷，有时却也觉得时间空过得可惜，无可奈何。

我很久、很久不写东西了。对于未来，我缺乏先见之明，不能展示其图景。对于现实，我固步自封，见闻寡陋，无法描述。对于过去，虽也懒于回忆，但究竟便于寻绎。因此想起了写个自传什么的，再向后退一步，就想订个年谱什么的，又觉得这个名称太堂皇，就改用了纪年的形式。这是轻车熟路，向回走的路，但愿顺利一些。

我自幼年，体弱多病。表现在性格方面，优柔寡断。多年从事文字生活，对现实环境，对人事关系，既缺乏应有的知识，更没有应付的能力。在各方面都是失败多，成绩少。声音将与形体同时消失，没有什么可以遗留于后人或后世的。

一生平平，确实无可取鉴。一生行止，都是被时代所推移，顺潮流而动作。在群众面前，从来不能发表独特的见解，表现超人的才略；在行动方面，更没有起过先锋的作用，建树较大的功劳。那么，这一年谱，就只能是记录：一己的履历，时代的流波，同行者的影子与声音，群众的帮助与爱护。

　　其中，有个人的兴起振奋，也有自己的悲欢离合。有崎岖，也有坦途。由于愚闇，有时也曾蹈不测的深渊；由于憨诚，也常常为朋友们所谅宥。认真记录下去，也可能有超出个人范围的一个时代的步伐，一个队伍的感情吧。

　　总之，在过去的几十年中，跟在队伍的后面，还幸而没有落荒。虽然缺少扬厉的姿态，所迈的步子，现在听起来，还是坚定有力的。对于伙伴，虽少临险舍身之勇，也无落井下石之咎。循迹反顾，无愧于心。

一九七五年六月一日，善闇记

　　昨晚暴风雨，花未受损。今晨五时起床，为玉树换盆，并剪海棠一枝，插于小盎，验其活否。

《善闇室纪年》摘抄

我 的 童 年

一九一三年（旧历癸丑），阴历四月初六日，生于河北省安平县东辽城村。村一百余户，东至县城十八里，西南至子文镇三里。子文有集，三、十月有药王庙会。

我上有兄姊五人，都殇。听母亲说，当时家境很不好，产后，外祖母拆破鸡笼，为她煮饭。我生时，家已稍裕。父亲幼年，由一个招赘在本村的山西人，介绍到安国县一家油粮店学徒，此店兼营钱业。父亲后来吃上劳力股份，买了一些田。又买了牲口车辆，叫叔父和二舅父拉脚。

生我后，母亲无奶。母亲说，被一怀孕堂婶沾了去。喂我些糊，即把馒头弄碎，然后再煮成粥状。因此，我幼年体弱，且有惊风疾。母亲为我终年烧香还愿，并时常请一邻居老奶奶，为我按摩腹部以助消化。惊风病至十来岁，由叔父骑驴带到伍仁桥，请人针刺手腕（清明日，连三年），乃愈。

一九一九年，七岁（虚岁，下同）。入本村小学。时已非私塾，系洋学堂，不念四书，读课本。功课以习字、作文为重。父亲请人为祖父撰写碑文,交老师教我背诵。教师多为简易师范毕业,系附近村庄人,假日可回家务农。无正式校舍,借人家闲院闲房,稍事修整为课堂,复式教学。大学生为老师买菜做饭,以为荣耀。我家每年请先生两次酒饭,席间,叔父嘱以不要打,因我有病。冬季上夜校,提小玻璃煤油灯,放学路上甚乐。

一九二四年,十二岁。随父亲至安国县,考入高级小学。按照我的家庭情况,上完初级小学,本应务农,或到外处学习商业。但父亲听信安国县邮政局长之言,发愿叫我升学,习英语,以便考入邮政,说这是铁饭碗。高级小学在县城内东北角,原文庙内。设备完好,图书亦多。在此,课外阅读了文学研究会的一些小说,商务印书馆出版的杂志和儿童读物。

安国县原名祁州,为药材聚散之地,传说,各路药材不到祁州即不灵。每年春冬庙会(药王庙),商贾云集,有川广云贵各帮。药商为了广招徕,演大戏,施舍重金,修饰药王庙,殿宇深邃,庙前有一对铁狮子,竖有两棵高大铁旗杆,数十里外就可以看到。

南关商业繁盛,多药材庄和作坊,各地药商,都有常驻这里的人员店铺。

不久母亲和表姐亦来此,我们寄居在父亲一个朋友的闲院里,地处西门里。一直到我读完高小。

在安国时,父亲并为我请一课外教师,系一潦倒秀才,专教古文,记得他曾在集市上代我买《诗韵合璧》一部,我未能攻习。

一九二六年,十四岁。考入保定育德中学,保定距安国一百二十里,乘骡车。父亲送考,考第二师范,未被录取,不得已改考中学,中学费大。

一九二七年,十五岁。休学一年,实系年幼想家,不愿远出:这一年大革命北伐,影响保定,学校有学潮,我均未见,是大损失。父亲寄《三民主义》一本至家,是咸与维新之意。是年订婚。同县黄城王姓。

一九二八年，十六岁。暑假后复学。大饭厅也是大会堂，写上了总理遗嘱、建国方略。每星期一做纪念周，校长在台上带领静默，总不到规定时间，即宣告默毕。不然，学生们即忍不住要笑。作文课，得老师称许，并屡次在校刊发表，多为小说。记得有一篇写一家盲人，一篇写一女演员。

初中四年期间，除一般课程外，在图书馆借读文学作品。图书馆主任，先为安志诚先生，后为王斐然先生，对我均有鼓励帮助。

一九二九年，十七岁。结婚。

一九三一年，十九岁。初中毕业，九一八事变。

一九八〇年四月

在 安 国 县

我十二岁，跟随父亲到安国县上学。我村距安国县六十里路。第一次是同父亲骑一匹驴去的，父亲把我放在前面。路过河流、村庄，父亲就下去牵着牲口走，我仍旧坐在上面。

等到下午三四点钟，才到了县城，一进南关，就是很热闹的了，先过药王庙，有铁旗杆、铁狮子。再过大药市、小药市，到处是黄芪味道，那时还都是人工切制药材。大街两旁都是店铺，真有些熙熙攘攘的意思。然后进南城门洞，有两道城门，都用铁皮铁钉包裹。

父亲所在的店铺，在城里石牌坊南边路东，门前有一棵古槐，进了黑漆大门，有一座影壁，下面有鱼缸，还种着玉簪花。

在院里种着别的花草和荷花。前院是柜房，后院是油作坊。

这家店铺是城北张姓东家，父亲从十几岁在这里学徒，现在算是掌柜了。

店铺对门的大院，是县教育局，父亲和几位督学都相识。我经过考试，有一位督学告诉父亲，说我的作文中，"父亲在安国为商"，

"为商"应该写作"经商",父亲叫我谨记在心,我被录取。

店铺吃两顿饭,这和我上学的时间,很有矛盾。父亲在十字街一家面铺,给我立了一个折子,中午在那里吃。早晨父亲起来给我做些早点。下午放学早,晚饭在店铺吃。终究不方便,半年以后,父亲把母亲和表姐从家里接来,在西门里路南胡家的闲院借住。

父亲告诉我,胡家的女主人是我的干娘,干爹是南关一家药店的东家,去世了。干娘对我很好,她有两个儿子,两个姑娘,大儿子在家,二儿子和我一同上高级小学,对我有些歧视。

这是一家地主,那时,城市和附近的地主,都兼营商业。她家雇一名长工,养一匹骡子,有一辆大车,还有一辆轿车。地里的事,都靠长工去管理,家里用一个老年女佣,洗衣做饭,人们叫她"老傅家"。

我那位干哥哥,虽说当家,却是个懒散子弟,整天和婶母大娘们在家里斗牌。他同干嫂,对我也很好。

那位干姐,在女子高级小学读书,长得洁白秀丽,好说笑。对我很热情、爱护。她做的刺绣手工和画的桃花,给我留下深刻的印象。她好看《红楼梦》,有时坐在院子里,讲给我的表姐听。表姐幼年丧母,由我母亲抚养成人,帮母亲做活做饭,并不认识字。但记忆力很好。

我那时,功课很紧,在学校又爱上了新的读物,所以并不常看这些旧小说。父亲为了使我的国文进步,请了街上一位潦倒秀才,教我古文。老秀才还企图叫我作诗,给我买了一部《诗韵合璧》,究竟他怎么讲授的,一点印象也没有了。

胡家对门,据说是一位古文家,名叫刁苞的故居。父亲借来他的文集叫我看,我对那种木板刻的大本书,实在没有兴趣,结果一无所得。

这座高小,设在城内东北角原是文庙的地方。学校的教学质量,我不好评议,只记得那些老师,都是循规蹈矩,借以糊口,并没有什么先进突出之处。学校的设备,还算完善,有一间阅览室,里面放着《东方杂志》《教育杂志》《学生杂志》《妇女杂志》《儿童世界》

等等，都是商务印书馆的出版物。还有从历史改编的故事，如岳飞抗金兵、泥马渡康王等等。还有文学研究会的小说集，叶绍钧的《隔膜》、刘大杰的《飘渺的西南风》等等，使我眼界大开。

因为校长姓刘，学校里有好几位老师也姓刘，为了便于区分，学生们都给他们起个外号。教我国文的老师叫大鼻子刘。有一天，他在课堂上，叫我们提问，我请他解释什么叫"天真烂漫"，他笑而不答，使我一直莫名其妙。等到我后来也教小学了，才悟出这是教员滑头的诀窍之一，就是他当时也想不出怎样讲解这个词。

父亲和县邮局的局长认识，愿意叫我以后考邮政。那一年，有一位青年邮务员新分配到这个局里，父亲叫我和他交好，在他公休的时候，我们常一同到城墙上去散步，并不记得他教我什么，只记得他常常感叹这一职业的寂寞、枯燥、远离家乡、举目无亲之苦。

干姐结婚后，不久就患肺病死去了，我也到保定读书去了。母亲和表姐，又都回到原籍去。

解放以后，我到安国县去过一次，这一家人，作为地主，生活变化很大。房屋拆除了不少，有被分的，有自卖的。干哥夫妇，在我们居住过的地方，开了一座磨面作坊。

一九八〇年十月十一日晨

在 北 平

从北平市政府出来以后，失业一段时间，后来到象鼻子中坑小学当事务员。

这座小学校，在东城观音寺街内路北，当时是北平不多几个实验小学之一。

这也是父亲代为谋取的，每月十八元薪金。校长姓刘，是我在安国上小学时那个校长的弟弟，北平师范毕业。当时北平的小学，都由北平师范的学生把持着。北伐战争时期,这个校长参加了国民党,在接收这个小学时,据说由几个同乡同学,从围墙外攻入,登上六年级教室那个制高点,抛掷砖瓦,把据守在校内的非北师毕业的校长驱逐出去。帮他攻克的同乡、同事,理所当然地都是本校教员了。

校长每月六十元薪金,此外修缮费、文具费虚报,找军衣庄给学生做制服,代书店卖课本,都还有些好处。所以他能带家眷,每天早上冲两个鸡蛋,冬天还能穿一件当时在北平很体面的厚呢大外氅。

此人深目鹰鼻,看来不如他的哥哥良善。学校有两名事务员,一个管会计,一个管庶务。原来的会计,也是安国人,大概觉得这个职业,还不如在家种地,就辞职不干了。父亲在安国听到这个消息,就托我原来的校长和他弟弟说,看人情答应的。

但是,我的办事能力实在不行,会计尤其不及格。每月向社会局(那时不叫教育局)填几份表报,贴在上面的单据,大都是文具店等开来的假单据,要弄得支付相当,也需要几天时间。好在除了这个,也实在没有多少事。校长看我是个学生,又刚来乍到,连那个保险柜的钥匙,也不肯交给我。当然我也没兴趣去争那个。

只是我的办公地点太蹩脚。校长室在学校的前院,外边一大间,安有书桌电话,还算高敞;里边一间,非常低小阴暗,好像是后来加盖的一个"尾巴",但不是"老虎尾巴",而是像一个肥绵羊的尾巴。尾巴间向西开了一个低矮的小窗户,下面放着我的办公桌。靠南墙是另一位办事员的床铺,北墙是我的床铺。

庶务办事员名叫赵松,字干久,比我大几岁。他在此地干得很久了,知道学校很多掌故,对每位教员,都有所评论,并都告诉我。

每天午饭前,因为办公室靠近厨房,教员们下课以后,都拥到办公室来,赵松最厌烦的是四年级的级任,这个人,从走路的姿势,就可以看出他的自高自大。他有一个坏习惯,一到办公室,就奔痰盂,大声清理他的鼻喉。赵松给他起了一个绰号,叫作"管乐"。这位管乐西服革履，趾高气扬。后来忽然低头丧气起来，赵松告诉我，此人与一女生发生关系，女生怀孕，正在找人谋求打胎。并说校长知而不问，是因同乡关系。

六年级级任，也是校长的同乡，他年岁较大，长袍马褂，每到下课，就一边擦着鼻涕，一边急步奔到我们的小屋里，两手把长袍架起，眯着眼睛，弓着腰，嘴里喃喃着"小妹妹，小妹妹"，直奔赵松的床铺，其神态酷似贾琏。赵松告诉我，这位老师，每星期天都去逛暗娼，对女生，师道也很差。

学校的教室，都在里院，和我们隔着一道墙，我不好走动，很少进去观望。上课的时候，教员讲课的声音，以及小学生念笔顺的声音，是听得很清楚的。那时这座小学正在实验"引起动机"教学法，就是先不讲课文的内容，而由教员从另外一种事物引起学生学习课文的动机。不久，小学生就了解老师的做法，不管你怎样引起，他就是不往那上面说。比如课文讲的是公鸡，老师问：

"早晨你们常听见什么叫唤呀！"

"鸟叫。"学生们回答。

老师一听有门，很高兴，又问：

"什么鸟叫啊？"

"乌鸦。"

"没有听到别的叫声吗？"

"听到了，麻雀。"

这也是赵松告诉我的故事。

每月十八元，要交六元伙食费，剩下的钱再买些书，我的生活，可以算是很清苦了。床铺上连枕头也没有，冬天枕衣包，夏天枕棉裤。赵松曾送我两句诗，其中一句是"可怜年年枕棉裤"。

可是正在青年，志气很高，对人从不假借，也不低三下四。现在想起来，这一方面，固然是刚出校门，受社会感染还不深，也并没有实受饥寒交迫之苦；另一方面也因为家有一点恒产，有退身之路，可以不依附他人，所以能把腰直立起来。

这些教员自视，当然比我们高一等，他们每月有四十元薪金，但没有一个人读书，也不备课，因为都已教书多年，课本又不改变。每天吃过晚饭，就争先恐后地到外边玩去了。三年级级任，是定兴县人，他家在东单牌楼开一座澡堂，有时就请同事到那里洗澡，当然请不到我们的名下。

我和赵松，有时寂寞极了，也在星期六晚上，到前门外娱乐场所玩一趟，每人要花一元多钱，这在我们，已经是所费不赀了。回来后，赵松总是倒在床上哀叹不已，表示忏悔。后来，他的一位同乡，在市政府当了科长，约他去当一名办事员，每月所得，可与教员媲美。他把遗缺留给他的妹夫，这人姓杨，也是个中学生，和我也很要好。

我还是买些文艺书籍来读。一年级的级任老师，是个女的，有时向我借书看，她住在校内，晚上有时也到我们屋里谈谈，总是站在桌子旁边，不苟言动。

每逢晚饭之后，我到我的房后面的操场上去。那里没有一个人，我坐在双杠上，眼望着周围灰色的墙，和一尘不染的天空，感到绝望。我想离开这里，到什么地方去呢？我想起在中学时，一位国文老师，讲述济南泉柳之美，还有一种好吃的东西，叫小豆腐，我幻想我能到济南去。不久，我就以此为理由，向校长提出辞职，校长当然也不会挽留。

但到济南又投奔何处？连路费也没有。我只好又回到老家去，那里有粥喝。

一九八〇年十月十一日晨

在 延 安

一九四四年(三十二岁)返至华北联大教育学院,立即得到通知,明日去延安。

次日,领服装上路,每人土靛染浅蓝色粗布单衣裤两身。我去迟,所得上衣为女式。每人背小土布三匹,路上卖钱买菜。

行军。最初数日,越走离家乡越远,颇念家人。

路经盂县,田间候我于大道。我从机关坚壁衣物处携走田的日本皮大衣一件。

我们行军,无敌情时,日六七十里,悠悠荡荡,走几天就休息一天,由打前站的卖去一些土布,买肉改善伙食。

至陕西界,风光很好。

在绥德休息五天。晋绥军区司令部,设在附近。吕正操同志听说我在这里路过,捎信叫我去。我穿着那样的服装,到他那庄严的司令部做客,并见到了贺龙同志,自己甚觉不雅。我把自己带着的一本线装《孟子》,送给了吕。现在想起来,也觉举动奇怪。

绥德是大山城,好像我们还在那里洗了澡。

清涧县城给我留下了很深的印象。那里的山,是一种青色的、湿润的、平滑的板石构成的。那里的房顶、墙壁、街道,甚至门窗、灶台、炕台、地下,都是用这种青石建筑或铺平的。县城在峭立的高山顶上,清晨黄昏,大西北的太阳照耀着这个山城,确实绮丽壮观。雨后新晴,全城如洗过,那种青色就像国画家用的石青一般沉着。

米脂,在陕北是富庶的地方。县城在黄土高原上,建筑得非常漂亮。城里有四座红漆牌坊,就像北京的四牌楼一样。

我们从敌后来。敌后的县城,城墙,我们拆除了,房屋街道,都遭战争破坏;而此地的环境,还这样完整安静。我躺在米脂的牌坊下，睡了一觉，不知梦到何方。

到了延安，分配到鲁迅艺术文学院，先安置在桥儿沟街上一家骡马店内。一天傍晚，大雨。我们几个教员，坐在临街房子里的地铺上闲话。我说，这里下雨，不会发水。意思是：这里是高原。说话之间，听流水声甚猛，探身外视，则洪水已齐窗台。急携包裹外出，刚刚出户，房已倒塌。仓皇间，听对面山上有人喊，到这边来。遂向山坡奔去。经过骡马店大院时，洪水从大门涌入，正是主流，水位迅猛增高。我被洪水冲倒，弃去衣物，触及一拴马高桩，遂攀登如猿猴焉。大水冲击马桩，并时有梁木、车辕冲过。我怕冲倒木桩，用脚、腿拨开，多处受伤。好在几十分钟，水即过去。不然距延河不到百米，身恐已随大江东去矣。

后听人说，延河边有一石筑戏楼，暑天中午，有二十多人，在戏楼上乘凉歇晌。洪水陡至，整个戏楼连同这些人，漂入延河。到生地方，不先调查地理水文，甚危险也。

水灾后，除一身外，一无所有。颇怨事先没人告诉我们，此街正是山沟的泄水道。次日，到店院寻觅，在一车脚下找到衣包，内有单衣两套。拿到延河边，洗去污泥，尚可穿用。而千里迢迢抱来田间的皮大衣，则已不知被别人捡去，还是冲到延河去了。那根拿了几年的六道木棍，就更没踪影了。

在文学系，名义是研究生。先分在北山阴土窑洞，与公木为邻。后迁居东山一小窑，与鲁藜、邵子南为邻。

一些著名作家、戏剧、音乐、美术专家，在这里见到了。

先在墙报上发表小说《五柳庄纪事》，后在《解放日报》副刊，发表《荷花淀》《芦花荡》《麦收》等。提升教员，改吃小灶，讲《红楼梦》。

生活：窑洞内立四木桩，搭板为床。冬季木炭一大捆，很温暖，敌后未有此福也。

家具：青釉瓷罐一，可打开水。大砂锅一，可热饭，也有用它洗脸的。水房、食堂，均在山下。经常吃到牛羊肉，主食为糜子。

刚去时，正值大整风以后，学院表面，似很沉寂。原有人员，多照料小孩，或在窑洞前晒太阳。黄昏，常在广场跳舞，鲁艺乐队甚佳。

敌后来了很多人，艺术活动多了。排练《白毛女》，似根据邵子南的故事。

我参加的生产活动：开荒，糊洋火盒。修飞机场时，一顿吃小馒头十四枚。

延安的土布，深蓝色，布质粗而疏，下垂。冬季以羊毛代棉絮，毛滑下坠。肩背皆空。有棉衣，甚少。邓德滋随军南下，相约：在桥儿沟大道上，把他领到的一件棉上衣换给我。敌后同来的女同志，为我织毛袜一双，又用棉褥改小袄一件，得以过冬。

讲课时，与系代主任舒群同志争论。我说《红楼梦》表现的是贾宝玉的人生观。他说是批判贾宝玉的人生观，引书中《西江月》为证。

沙可夫同志亦从前方回来，到学院看我，并把我在前方情况，介绍给学院负责人宋侃夫同志。沙见别人都有家眷，而我独处，关怀地问，是否把家眷接来？彼不知无论关山阻隔，小儿女拖累，父母年老，即家庭亦离她不开。

一九七九年

移 家 天 津

一九四九年一月，我随《冀中导报》的人马，进入天津，在新办的《天津日报》工作。很多同志，都有眷属。过了春节，我也想回家去看看。还想像来时一样，骑那辆破自行车。可是没走出南市，我就退回来了。一是我骑车技术不行，街上人太多，一时出不了城。二是我方向也弄不清，怕走错了路。我到长途汽车站买了一张去河间的票,第二天清晨上车,天黑了才到河间。河间是熟地方,我投宿在新华书店,先去雇了一辆大车。第二天车夫又变了卦,不愿去了。我只好步行到肃宁,那里有一个熟识的纸厂,住了一宿,再坐纸厂去安国的大车,半路下车,走回老家。

这次回家,为了减轻家里的负担,把二女儿带出。先由她舅父用牛车把我们送到安国县,再买长途汽车票。那时的长途汽车,都是破旧的大卡车,卖票又没限制,路上不断抛锚。二女儿因为从小没有跟过我,一路上很规矩,她坐在车边,碰掉一个牙齿,也不敢哭。

到了天津,孩子住在我那间小屋里,我白天上班,她一个人在屋里,闷了就睡觉,有一天真哭了。我带她去投考附近的一所小学,老师随便考试了一下,就录取了。

以后,母亲随一位要去上海的亲戚,来天津一次;大女儿也随她堂叔父从河道坐船来天津一次,都住在我那间小屋里,都是住上十天半月,就又回老家了。

第二年春天,才轮到我的妻子来。我先写了一封信,说是要坐火车,不要坐汽车。结果她还是跟一个来天津的亲戚,到安国上的长途汽车,也是由小孩的舅父套牛车去送。她带着两个孩子,一个会跑,一个还抱着。车上人很挤,她怕把孩子挤坏,车到任邱,她就下车了,也不知道,任邱离天津还有多远。

那个带她们的亲戚,到了天津,也不到我的住处,只是往办公室打了一个电话说:

"你的家眷来了。"

我问在哪里,他才说在任邱什么店里。

我一听就急了,一边听电话,一边请身边的同志,把店名记下来。当即找报社的杨经理去商议。老杨先给了我一叠钞票,然后又派了一辆双套马车,由车夫老张和我去任邱。

我焦急不安。我知道,她从来没出过远门。只是娘家到婆家,婆家到娘家，像拐线子一样，在那只有八里路程的道上，来回走过。身边还有两个小孩子。最使我担心的，是她身上没有多少钱。那时家里已经不名一文，因此，一位邻居，托我给他的孩子在天津买一本小字典，我都要把发票寄给人家，叫人家把钱还给家里用。她这次来得仓促，我也没有寄钱给她们，实在说，我手里也没有多少钱。

不管我多么着急，大车也只能明天出发，不能当晚出发。第二天，车夫老张又要按部就班地准备，等到开车，已经是上午九点了。在路上打尖时，我迎住了一辆往南开的汽车，请司机带一个纸条，到任邱交给店里。后来知道，人家也没照办。

第二天下午三点左右，才到了任邱，找到了那家店房。妻和两个孩子，住在店掌柜的家里。早有人送了信去，都过来了。我要了几碗烩饼，叫她们饱吃一顿。

妻一见我，就埋怨，为什么昨天还不来。我没有说话。她说已经有两顿不敢吃饭了，在街上买了一点棒子面，到野地去捡些树枝，给男孩子煮点粥。

她去和店家的女主人说了说，当晚我也和她们住在一起。那时老区人和人的关系，还是很朴实的。

第二天一早，告别店主，一家人上车赶路，天晚宿在唐官屯店中，睡在只有一张破席的炕上。荒村野店，也有爱情。

她来时，家里只有一件她自己织的粗布小褂，也穿得半旧了。向邻家借了一件旧阴丹士林褂子，穿在身上。到了天津，我去买了两丈蓝布，她在我屋里缝制了一身新衣。

我每天上班，小屋里住了一家四五口人，不得安静。几口人吃公家的饭，也不合适，住了大约有半月时间，我就叫她回去。先是说跟报社一位同志坐火车走，我把她们送到车站，上车的人太多，太拥挤，怕她带不好孩子，又退票回来了。过了几天，有《河北日报》的汽车回去，她们跟人家的车，先到保定，在那里工作的熟人，照顾她们,给雇了一辆大车,回到家里,正是麦收时候。

又过了半年,报社实行薪金制,我的稿费收入也多些了,才又把她们接出。稍后又把母亲和大女儿接出,托报社老崔同志,买了米面炉灶,算是在天津安了家。

我对故乡的感情很深。虽然从十二岁起,就经常外出,但每次回家,一望见自己家里屋顶上的炊烟,心里就升起一种难以表达难以抑制的幸福感情。我想:我一定老死故乡,不会流寓外地的。但终于离开了,并且终于携家带口地离开了。

一九八四年四月二十三日

《我的丛书零种》附记

余向无大志，心中无规模，做事无气魄。变现在购书上，也只是零敲碎打，抱残守阙。此次为文，检阅顾修汇刻书目，原书套已虫蛀残破，余买回时，用妻子包袱中的同色破布，给书套打上无数小补丁，呈鹑衣百结之状。今日面对，不只忆及亡人，且忆及一生颠沛，忧患无已，及进城初期，我家之生活状态。呜呼，逝者如斯夫！及至衰暮之季，稍有余裕，余又飘飘然以为自己能作诗；憧憧然以为自己会写字；残存些破书烂纸，有时又自诩为藏书家。此实余晚年不自量力，无自知之明，三件极可笑之事，宜深戒也！

一九九〇年七月六日补记，闷热，挥汗作

第一次当记者

一九三八年冬季,我和老陈,又在深县马庄隐蔽了一段时间,冀中区的形势越来越不佳。次年初,就奉命过平汉路西去工作了。

这是王林同志来,传达的黄敬同志的命令。在驻定县境内七地委那里,开了简单的组织介绍信。同行的有冀中导报的董逸峰,还有安平县的一个到边区受训的区干部。我那时并非党员,除了这封信外,王林又用当时七地委书记张雪峰的名义,给我写了一封私函,详细说明我在冀中区的工作情况,其中不乏赞扬器重之词。这本来是老王的一番朋友之情。但是我这个人很迂挚,我当时认为既是抗日工作,人人有份,何必作私人介绍?又没有盖章,是否合适?在路上,我把信扔了。不知道我在冀中工作,遇到的都是熟人,一切都有个看顾,自可不必介绍,而去阜平则是人地两生之处。果然,到了阜平,负责组织工作的刘仁同志,骑马来到我们的驻地,分别和我们谈了一次话。老陈很快就分配了。而我住在招待所,迟迟不得分配。每天饭后爬到山头上,东迎朝霞,西送落日,颇有些惆怅之感。后来还是冀中区过去了人,刘仁同志打听清楚,才把我分配到刚刚成立的晋察冀通讯社工作。

这还算万幸,后来才知道,当时有一批所谓"来路不明"的人,也被陆续送往边区。和我同来的那个区干部，姓安，在没分配之前，有一天就找到我说："我和你们在路上说的话，可不能谈，我是个党员，你不是党员。"弄得我很纳闷，想了半天，也想不起在路上，他曾和我们说过什么不是党员应该说的话。我才后悔：千不该万不该把老王那封信撕掉。并从此，知道介绍信的重要性。还明白了，参加革命工作，并非像小说上说的，一进来，就大碗酒、大块肉，论套穿衣服，论秤分金银，还有组织审查这一道手续。

晋察冀通讯社设在阜平城南庄，主任是刘平同志。此人身材不高，仪表文雅，好抽烟斗，能写当时胡风体的文艺论文，据说刚从北平监狱放出不久。我分在通讯指导科，科长姓罗，是抗大毕业生，宁波人，青年学生。此人带有很大的洋场恶少成分，为人专横跋扈，记得一些革命和文艺的时髦名词，好给人戴大帽子。记得在边区记者协会成立时，我忘记说了一句什么话，他就说是周作人的理论。这种形左实右的人，在那时还真遇到不少，因为都是青年人，我置之不理，留下了非常不良的印象。他平时对我还算客气，这一是因为我年事较长，不与人争；二是因为我到社不久，就写了一本小册子，得到铅印，自己作品，封面上却写上集体创作，他以为我还算虚心，有可取之处。那时，因为伙食油水少，这位科长尤其嘴馋，我们在业余之暇，常到村外小河芦苇深处，掏些小沙鱼，回来用茶缸煮煮吃。（那里的老乡，不叫用他们的锅煮这些东西，甚至鸡也不让煮。他们还不许在他们的洗脸盆里用肥皂。他们说，闻不惯这些味道。这是事实。）每次掏鱼，他都是站在干岸上，很少下水，而且不断指手画脚，嘴里不三不四，使人生厌，兴趣索然。

我和他睡在老乡家一条乌黑发亮，没有炕席、枕头和褥子的土炕上。我好失眠，有时半夜里，在月光之下，看见他睁大两只眼睛，也没有安睡。后来我才知道，他正在和社里一位胖胖的女同志，偷着谈恋爱。那时候，虽然没有明文规定，但恋爱好像是很不体面的事。罗后来终于和这位女同志结了婚,并一同调到平北游击区去工作。那里很残酷,礼拜六,罗骑马去接妻子,在路途遇见敌人,中弹牺牲。才华未展,深为可惜。

就在到通讯社的这年冬季,我有雁北之行。边区每年冬季,都遭敌人"扫荡"。因此派一些同志,到各分区采访,一是工作,二是疏散。罗科长在我们早晨出操的农民场院里,传达了主任的指示。

同行者三人:我,还有董逸峰,是从冀中和我一同过来的。此人好像被列入"来路不明"的那一类,后来竟不知下落。另一人姓夏。此人广东籍,小有才气,写过一些通讯,常常占去当时《晋察冀日报》的整个四版。我现在想,通讯文章之长,在开天辟地之时,就发生了。那时报纸虽不大,但因消息来源少,下面来稿也少,所以就纵容这些记者们,去写长篇通讯。随后,就形成了一种风气,一直持续抗战八年,衍及现代。这是题外的话。夏好像已是党员,社长虽未公布他是我们的负责人,但我忖度形势,他是比我们更被信任的。

出发时,已发棉装,系中式土布土染袄裤,短小而不可体。另有一山西毡帽,形似未打气的皮球,剪开一半,翻过即可护耳,为山地防寒佳品。腰间结一布带(很少有人能结皮带)。当时如摄影留念,今日观之,自是寒伧,在当时和农民比较,却又优越得多了。

从阜平去雁北,路很难走,我们走的又多是僻路,登山涉水,自是平常,有时还要从两山挟持的罅缝中,相互推举牵拉,才能过去。详细沿途情形,现已记忆不清,走了几天,才到了雁北行署所在地。

当时的雁北地区,主要指应县、繁峙一带,我们活动的范围并不大,而敌人对此处,却很重视,屡次"扫荡"。行署主任是王斐然同志,王本是我在育德中学时的图书管理员,是接任安志诚先生的。我在学校时的印象,他好像是一九二七年大革命失败后,到学校任职的,整天穿一件不太干净的深蓝布大衫,走路有些蹒跚,给人一种有些潦倒的印象。他对校方有些不满，曾经和我谈过当时的一名被校长信任的会计，是"恨无媚骨，幸有长舌"的人物。在学校，他还曾送我一本不很流行的李守章的小说，名叫《跋涉》，使我长期记住这位昙花一现的作家的名字。

到了行署，王震的部队正在这一带活动，我同董逸峰跟随部队活动了一程子。在一次集合时，在山脚下遇到了两个小同乡：一个是东邻崔立国，他父亲是个商人；一个是同街道的孙建章，他父亲是个木匠。异地相逢，非常亲热，他们都是王震旅的战士。在山下，朔风呼啸，董逸峰把他穿的一件日本黄呢军大衣，脱下来叫我穿上，也使我一直感念不忘。此人南方人，白皙，戴眼镜，说话时紧闭嘴唇，像轻蔑什么东西一样。能写些作品。

我跟随一个团活动。团政治主任，我忘记了他的姓名，每餐都把他饭盒里的菜，分一些给我吃。以后我到部队采访，经常遇到这种年轻好客的指挥人员。

敌人又进行"扫荡"，我回到行署，有些依赖思想，就跟随王斐然转移。有一天走到一个村庄，正安排着吃顿羊肉，羊肉没有熟，就从窗口望见进村的山头上，有了日本兵。我们放下碗筷，赶紧往后山上跑，下山后就是一条河，表面已经结了冰，王斐然穿着羊皮袍子，我穿着棉裤，蹚了过去。过了河，半截身子都是水，随即结成了冰，哗哗地响着，行走很不便。我发起高烧，王斐然给找了担架。夜晚到了一处高山，把我放在一家没有人住的农舍外屋，王与地委书记等人开会，地委书记说要高度疏散，问他还带着什么人，他说有一名记者。地委书记说，记者为什么不到前方去？他说，他病了。

在反"扫荡"时，王有时虽也因为有这样一个学生拖累，给他增添不少麻烦，曾有烦言。但在紧急关头，还是照顾了我。不然，战争年代，在那样人地两生的荒凉之地，加上饥寒疾病，我一个人活动，很可能遇到危险的，甚至可能叫野狼吃掉。所以也一直对他感念不尽。

接近旧历年关时,我们这个被称作记者团的三个人,回到了通讯社。我只交了一篇文艺通讯稿,即《一天的工作》。夏一个人向领导作了汇报。刘平同志在开会时,委婉而严厉地对我们的这次出差,表示了不满。

后来,我知道夏这个人,本身散漫,不守纪律,对别人却好造作谎言,取悦领导。全国解放以后,他曾以经济问题,受到制裁。

我有这样的经验,有的人在战争打响时,先叫别人到前方去;打了胜仗慰问时,他再到前方去。对于这样的记者或作家,虽是领导,我是不信服,也不想听从的。

我虽在幼年就梦想当一名记者,此次出师失败,证明我不适宜当记者,一是口讷,二是孤僻。所以后来就退而当编辑了。

一九八一年十一月六日改讫

新 年 杂 忆

一

新的一年又来到了。不免回顾一下去年，尽做了哪些工作，有什么经验教训可以吸取。想了一想，也不过是写了一些短文。其中散文部分，多数是回忆自己的过去，这是不会得罪于人的。但又写了一些读书的感想。这类文章，如果是评论古人的，不管我怎样说，古人是不会起来同我辩论的；如果是评论友朋故旧的作品，即便我说了些错话，也总是会得到原谅的。可虑的是，最近一个时期，有时不注意，也涉及了一些当代作家的作品，这是最容易招来是非的。

老实说，凡是我文章里提到的作家，都是我平日敬重的；凡是我论及的作品，都是我看过以后，感到喜欢的。读后高兴，写几句札记，作为纪念。反之，即使作品如何煊赫，我是不能也不肯赞一词的。这一点，我谈到的那些作家，是会一目了然的。对于他们，我并自以为有些知己之感。

我写这些文章时，字斟句酌，反复推敲。是出于至诚，发自热心。是谈我个人读书的感想，是从主观直感出发，我不去参考别的评论家所定的调子。这样，在评论的语气上，或是在评论的分寸上，只是发表我的见解，其中丝毫不存什么成见。

二

真是心猿意马。回顾着过去的一年，忽然想起了五十年前的一件事。

我二十岁的时候，在一个镇上，当小学教师，兼教一年级的自然课。那种生涯，回想起来，老年人是没法承担的。一进教室，孩子们乱乱哄哄，那且不谈。正上着课，有的孩子要撒尿，一时解不开裤带，或撒完尿回来，自己结不上裤带，我都要下讲台去亲自动手。有一次，坐在前排的一个孩子，非常顽皮，怎么说也不行，我烦躁起来，要证实师道尊严，就用教鞭在他的头上敲了两下。这孩子哭叫着走出校门，全体同学知道后都为之变色。原来，我打的这个孩子，是学校的董事，本村一个大军阀的爱子，而且是爱妾所生。

我这才知道闯了祸。但在旧社会，这也不过卷铺盖走人而已，构不成什么别的罪过。

并没有发生什么事变。第二天，孩子还是来校上课了。因为，就是在旧社会，即使军阀的爱妾，家长的观念仍然是：请来老师和请来保姆，其目的是不一样的。

三

现在，有些评论家，可以说，对于作品是爱护备至了。凡是他们说过好的，别人就不能说一点点错，不然就是苛求啊，嫉妒啊，站出来仗义执言了。

其实，如果仔细考察一下，其中有些人，原先并不这样慈善。有很长一段时间，他是提着棍棒生活的。形势一变，他放下了棍子，装扮成了保姆模样。他手里拿着一条花手绢,东张西望,看有孩子受了委屈没有。昔日隐身林密处,今天巡逻在花丛。其霸道之气,和拿棍子的时候,是毫无二致的。

一九八一年十二月二十二日

新年悬旧照

我在年轻的时候,也是很爱照相的。中学读书时,同学同乡,每年送往迎来,总是要摄影留念。都是到照相馆去照,郑重其事,题字保存。

抗日战争时期,日本人一到村庄,对于学生,特别注意。凡是留有学生头,穿西式裤的人,见到就杀。于是保留了学生形象的相片,也就成了危险品。我参加了抗日,保存在家里的照片,我的妻,就都放进灶火膛里把它烧了。

我岳父家有一张我的照片,因为岳父去世,家里都是妇孺,没人知道外面的事,没有从墙上摘下来。叫日本鬼子看到,非要找相片上的人不可;家里找不到,在街上遇到一个和我容貌相仿的青年,不问青红皂白,打了个半死,经村里人左说右说,才算保住了一条性命。

这是抗战胜利以后,我刚刚到家,妻对我讲的一段使人惊心动魄的故事。她说:"你在外头,我们想你。自从出了这件事,我就不敢想了,反正在家里不能待,不管到哪里去飞吧!"

一九八一年编辑文集,苦于没有早期的照片,李湘洲同志提供了他在一九四六年给我照的一张。当时,我从延安回到冀中,在蠡县下乡体验生活,是在蠡县县委机关院里照的。我戴的毡帽系延安发给。棉袄则是到家以后，妻为我赶制的。当时经过八年战争，家中又无劳力，家用已经很是匮乏，这件棉袄，是她用我当小学教员时所穿的一件大夹袄改制而成。里面的衬衣，则是我路过张家口时，邓康同志从小市上给我买的。时值严冬，我穿上这件新做的棉衣，觉得很暖和，和家人也算是团聚一起了。

  晚年见此照相，心里有很多感触，就像在冬季见到了春草春花一样。这并非草木可贵，而是时不再来。妻亡故已有十年，今观此照，还隐约可以看见她的针线，她在深夜小油灯下，为我缝制冬装的辛劳情景。这不能不使我回忆起入侵敌寇的残暴，以及我们这一代人所度过的艰难岁月。

一九八一年十二月

包袱皮儿

今年国庆节，在石家庄纺纱厂工作的大女儿来看望我。她每年来天津一次，总是选择这个不冷不热的季节。她从小在老家，跟着奶奶和母亲，学纺线织布，家里没有劳动力，她还要在田地里干活，到街上的水井去担水。十六岁的时候，跟我到天津，因为家里人口多，我负担重，把她送到纱厂。老家旧日的一套生活习惯，自从她母亲去世以后，就只有她知道一些了。

她问我有什么活儿没有，帮我做一做。我说："没有活儿。你长年在工厂不得休息，就在这里休息几天吧。"

可是她闲不住，闷得慌。新近有人给我买了两把藤椅，天气冷了，应该做个棉垫。我开开柜子给她找了些破布。我用的包袱皮儿，都是她母亲的旧物，有的是在"文化大革命"期间，被赶到小房子里，她带病用孩子们小时的衣服，拆毁缝成的。其中有一个白底紫花纹的，是过去日本的"人造丝"。我问她："你还记得这个包袱皮吗？"她说："记得。爹，你太细了，很多东西还是旧的，过去很多年的。"

"不是细。是一种习惯。"我说，"东西没有破到实在不能用，我就不愿意把它扔掉。我铺的褥子，还是你在老家纺的粗线，你母亲织的呢！"

我找出了一条破裤和一件破衬衫，叫她去做椅垫，她拿到小女儿的家里去做。小女儿说："我这里有的是新布，用那些破东西干什么？"

　　大女儿说："咱爹叫用什么，我就只能用什么。"

　　那里有缝纫机，很快她就把椅垫做好拿回来了。

　　夜晚，我照例睡不好觉。先是围绕着那个日本"人造丝"包袱皮儿，想了很久：年轻时，我最喜爱书，妻最喜爱花布。那时乡下贩卖布头的很多，都是大城市裁缝铺的下脚料。有一次，去子文镇赶集，我买了一部石印的小书，一棵石榴树苗，还买了这块日本"人造丝"的布头，回家送给了妻子。她很高兴，说花色好看，但是不成材料，只能做包袱皮儿。她一直用着，经过抗日战争，解放战争，又带到天津，经过"文化大革命"，多次翻箱倒柜地抄家，一直到她去世。她的遗物，死后变卖了一些，孩子们分用了一些。眼下就只有两个包袱皮儿了。这一件虽是日本"人造丝"，当时都说不坚实耐用，经历了整整五十年，它只有一点折裂，还是很完好的。而喜爱它、使用它的人，亡去已经有十年了。

　　我艰难入睡，梦见我携带妻儿老小，正在奔波旅行。住在一家店房，街上忽然喊叫，发大水了。我望见村外无边无际，滔滔的洪水。我跑到街上，又跑了回来，面对一家人发急，这样就又醒来了。

　　清晨，我对女儿叙述了这个梦境。女儿安慰我说："梦见水了好，梦见大水更好。"

　　我说："现在，只有你还能知道一些我的生活经历。"

一九八三年十月十二日晨

书　信

自古以来书信作为一种文体，常常编入作家们的文集之中。书与信字相连，可知这一文体的严肃性。它的主要特点，是传达一种真实的信息。

古代的历史著作，也常常把一个人物的重要信件，编入他的传记之内。

古代，书信的名号很多，有上书，有启，有笺，有书……各有讲究。《昭明文选》用了几卷的篇幅收录了这些文章。历代文学总集，也无不如此。

如此说来，书信一体，实在是不可玩忽的一种文学读物了。过去书市中也有供人学习应酬文字的尺牍大观，那当然不在此列。

在中学读书时，我读过一本高语罕编的"白话书信"，内容已经记不清。还读过一本"八贤手札"，则是清朝咸同时期，镇压太平天国的那些大人物的往来信札，内容也记不清了。只记得那些信的称呼，很复杂也很难懂。

书信这一文体，我可以说是幼而习之的。在外面读书做事，总是要给家中写信的。所用的文字当然是解放了的白话。这些家信无非是报告平安，没有什么特殊的内容。经过几次变乱，可以说是只字不存了。

在保定读书时，我认识了本城一个女孩子，她家住在白衣庵一个大杂院里。我每星期总要给她写一封信，用的都是时兴的粉色布纹纸信封。我的信写得都很长，不知道从哪里来的那么多热情的话。她家生活很困难，我有时还在信里给她附一些寄回信的邮票。但她常常接不到我寄给她的信，却常常听到邮递员对她说的一些不三不四的话。我并不了解她的家庭，我曾几次在那个大杂院的门口徘徊，终于没有进去。我也曾到邮政局的无法投递的信柜里去寻找，也见不到失落的信件。我估计一定是邮递员搞的鬼。我忘记我给她写了多少封信，信里尽倾诉了什么感情。她也不会保存这些信。至于她的命运，她的生存，已经过去五十年，就更难推测了。

在晋察冀边区工作，我曾给通讯员和文学爱好者，写过不少信，文字很长，数量很大，但现在一封也找不到了。

一九四四年秋天，我在延安窑洞里，用从笔记本撕下的一片纸，写了一封万金家书。我离家已经六七年了，听人说父亲健康情况不好，长子不幸夭折，我心里很沉重。家乡还被敌人占据着，寄信很危险。但我实在控制不住对家庭的思念，我在这片白纸的正面，给父亲写了一封短信；在背面，给妻子写了几句话。她不认识字，父亲会念给她听。

这封信我先寄给在晋察冀工作的周小舟同志，烦他转交我的家中。一九四六年，我回到家里，妻子告诉我，收到了这封信。在一家人正要吃午饭的时候收到的这封信，父亲站在屋门口念了，一家人都哭了。我很感谢我们的交通站和周小舟同志，我不知道千里迢迢，关山阻隔，敌人封锁得那么紧，他们怎样把这封信送到了我的家。

这封信的内容，我是记得的，它的每句话都是有用的，有千斤重量的，也没保存下来。

一九七〇年十月起，至一九七二年四月，经人介绍，我与远在江西的一位女同志通信。发信频繁，一天一封，或两天一封或一天两封。查记录：一九七一年八月，我寄出去的信，已达一百一十二封。信，本来保存得很好，并由我装订成册，共为五册。后因变故，我都用来生火炉了。

这些信件，真实地记录了我那几年动荡不安的生活，无法倾诉的悲愤，以及只能向尚未见面的近似虚无缥缈的异性表露的内心。一旦毁弃了是很可惜的，但当时也只有这样付之一炬，心里才觉得干净。潮水一样的感情，几乎是无目的地倾泻而去，现在已经无法解释了。

自从"文化大革命"开始，断绝了写作的机会，从与她通讯，才又开始了我的文字生活，这是可以纪念的。这些信，训练了我久已放下了的笔，使我后来能够写文章时，手和脑并没有完全生疏、迟钝。这也可以说是失之东隅，收之桑榆吧。至于解放前后，我写给朋友们的信件，经过"文化大革命"，已所剩无几。这很难怪，我向来也不大保存朋友们的来信，但在"文化大革命"以前，曾在书柜里保存康濯同志的来信，有两大捆，约二百余封。"文化大革命"期间，接连不断地抄家，小女儿竟把这些信件烧毁了。太平以后，我很觉得对不起康濯同志，把详情告诉了他。而我写给他的信，被抄走，又送了回来，虽略有损失，听说还有一百多封。这可以说是迄今保存的我的书信的大宗。他怎样处理这些信件，因为上述原因，我一直不好意思去过问。

先哲有言，信件较文章更能传达人的真实感情，更能表现本来面目。看来，信件的能否保存，远不及文章可靠。文章如能发表，即使是油印、石印，也是此失彼存，有希望找到的。而信件寄出，保存与否，已非作者所能处置。遇有变故，最易遭灾，求其幸存，已经不易。况时过境迁，交游萍水，难以求其究竟乎！

一九八三年十月十六日

亡 人 逸 事

一

旧式婚姻，过去叫作"天作之合"，是非常偶然的。据亡妻言，她十九岁那年，夏季一个下雨天，她父亲在临街的梢门洞里闲坐，从东面来了两个妇女，是说媒为业的，被雨淋湿了衣服。她父亲认识其中的一个，就让她们到梢门下避避雨再走，随便问道：

"给谁家说亲去来？"

"东头崔家。"

"给哪村说的？"

"东辽城。崔家的姑娘不大般配，恐怕成不了。"

"男方是怎么个人家？"

媒人简单介绍了一下，就笑着问：

"你家二姑娘怎样？不愿意寻吧？"

"怎么不愿意。你们就去给说说吧，我也打听打听。"她父亲回答得很爽快。

就这样，经过媒人来回跑了几趟，亲事竟然说成了。结婚以后，她跟我学认字，我们的洞房喜联横批，就是"天作之合"四个字。

她点头笑着说：

"真不假，什么事都是天定的。假如不是下雨，我就到不了你家里来！"

二

虽然是封建婚姻，第一次见面却是在结婚之前。订婚后，她们村里唱大戏，我正好放假在家里。她们村有我的一个远房姑姑，特意来叫我去看戏，说是可以相相媳妇。开戏的那天，我去了，姑姑在戏台下等我。她拉着我的手，走到一条长板凳跟前。板凳上，并排站着三个大姑娘，都穿得花枝招展，留着大辫子。姑姑叫着我的名字，说：

"你就在这里看吧，散了戏，我来叫你家去吃饭。"

姑姑的话还没有说完，我看见站在板凳中间的那个姑娘，用力盯了我一眼，从板凳上跳下来，走到照棚外面，钻进了一辆轿车。那时姑娘们出来看戏，虽在本村，也是套车送到台下，然后再搬着带来的板凳，到照棚下面看戏的。

结婚以后，姑姑总是拿这件事和她开玩笑，她也总是说姑姑会出坏道儿。

她礼教观念很重。结婚已经好多年，有一次我路过她家，想叫她跟我一同回家去。她严肃地说：

"你明天叫车来接我吧，我不能这样跟着你走。"我只好一个人走了。

三

她在娘家，因为是小闺女，娇惯一些，从小只会做些针线活；没有下场下地劳动过。到了我们家，我母亲好下地劳动，尤其好打早起，麦秋两季，听见鸡叫，就叫起她来做饭。又没个钟表，有时饭做熟了，天还不亮。她颇以为苦。回到娘家，曾向她父亲哭诉。她父亲问：

"婆婆叫你早起，她也起来吗？"

"她比我起得更早。还说心疼我，让我多睡了会儿哩！"

"那你还哭什么呢？"

我母亲知道她没有力气，常对她说：

"人的力气是使出来的，要伸懒筋。"

有一天，母亲带她到场院去摘北瓜，摘了满满一大筐。母亲问她：

"试试，看你背得动吗？"

她弯下腰，挎好筐系猛一立，因为北瓜太重，把她弄了个后仰，沾了满身土，北瓜也滚了满地。她站起来哭了。母亲倒笑了，自己把北瓜一个个捡起来，背到家里去了。

我们那村庄，自古以来兴织布，她不会。后来孩子多了，穿衣困难，她就下决心学。从纺线到织布，都学会了。我从外面回来，看到她两个大拇指，都因为推机杼，顶得变了形，又粗、又短，指甲也短了。

后来，因为闹日本，家境越来越不好，我又不在家，她带着孩子们下场下地。到了集日，自己去卖线卖布。有时和大女儿轮换着背上二斗高粱，走三里路，到集上去粜卖。从来没有对我叫过苦。

几个孩子，也都是她在战争的年月里，一手拉扯成人长大的。农村少医药，我们十二岁的长子，竟以盲肠炎不治死亡。每逢孩子发烧，她总是整夜抱着，来回在炕下走。在她生前，我曾对孩子们说：

"我对你们，没负什么责任。母亲把你们弄大，可不容易，你们应该记着。"

四

一位老朋友、老邻居，近几年来，屡次建议我写写"大嫂"。

因为他觉得她待我太好，帮助太大了。老朋友说：

"她在生活上，对你的照顾，自不待言。在文字工作上的帮助，我看也不小。可以看出，你曾多次借用她的形象，写进你的小说。至于语言，你自己承认，她是你的第二源泉。当然，她瞑目之时，冰连地结，人事皆非，言念必不及此，别人也不会作此要求。但目前情况不同，文章一事，除重大题材外，也允许记些私事。你年事已高，如果仓促有所不讳，你不觉得是个遗憾吗？"

我唯唯，但一直拖延着没有写。这是因为，虽然我们结婚很早，但正像古人常说的：相聚之日少，分离之日多；欢乐之时少，相对愁叹之时多耳。我们的青春，在战争年代中抛掷了。以后，家庭及我，又多遭变故，直至最后她的死亡。我衰年多病，实在不愿再去回顾这些。但目前也出现一些异象：过去，青春两地，一别数年，求一梦而不可得。今老年孤处，四壁生寒，却几乎每晚梦见她，想摆脱也做不到。按照迷信的说法，这可能是地下相会之期，已经不远了。因此，选择一些不太使人感伤的片断，记述如上。已散见于其他文字中者，不再重复。就是这样的文字，我也写不下去了。

我们结婚四十年，我有许多事情，对不起她，可以说她没有一件事情是对不起我的。在夫妻的情分上，我做得很差。正因为如此，她对我们之间的恩爱，记忆很深。我在北平当小职员时，曾经买过两丈花布，直接寄至她家。临终之前，她还向我提起这一件小事，问道：

"你那时为什么把布寄到我娘家去啊？"

我说：

"为的是叫你做衣服方便呀！"

她闭上眼睛，久病的脸上，展现了一丝幸福的笑容。

一九八二年二月十二日晚

父亲的记忆

父亲十六岁到安国县（原先叫祁州）学徒，是招赘在本村的一位姓吴的山西人介绍去的。这家店铺的字号叫永吉昌，东家是安国县北段村张姓。

店铺在城里石牌坊南。门前有一棵空心的老槐树。前院是柜房，后院是作坊——榨油和轧棉花。

我从十二岁到安国上学，就常常吃住在这里。每天掌灯以后，父亲坐在柜房的太师椅上，看着学徒们打算盘。管账的先生念着账本，人们跟着打，十来个算盘同时响，那声音是很整齐很清脆的。打了一通，学徒们报了结数，先生把数字记下来，说：去了。人们扫清算盘，又聚精会神地听着。

在这个时候，父亲总是坐在远离灯光的角落里，默默地抽着旱烟。

我后来听说，父亲也是先熬到先生这一席位，念了十几年账本，然后才当上了掌柜的。

夜晚，父亲睡在库房。那是放钱的地方，我很少进去，偶尔从撩起的门帘缝望进去，里面是很暗的。父亲就在这个地方，睡了二十几年，我是跟学徒们睡在一起的。

父亲是一九三七年，七七事变以后离开这家店铺的，那时兵荒马乱，东家也换了年轻一代人，不愿再经营这种传统的老式的买卖，要改营百货。父亲守旧，意见不合，等于是被辞退了。

父亲在那里，整整工作了四十年。每年回一次家，过一个正月十五。先是步行，后来骑驴，再后来是由叔父用牛车接送。我小的时候，常同父亲坐这个牛车。父亲很礼貌，总是在出城以后才上车，路过每个村庄，总是先下来，和街上的人打招呼，人们都称他为孙掌柜。

父亲好写字。那时学生意，一是练字，一是练算盘。学徒三年，一般的字就写得很可以了。人家都说父亲的字写得好，连母亲也这样说。他到天津做买卖时，买了一些旧字帖和破对联，拿回家来叫我临摹，父亲也很爱字画，也有一些收藏，都是很平常的作品。

抗战胜利后，我回到家里，看到父亲的身体很衰弱。这些年闹日本，父亲带着一家人，东逃西奔，饭食也跟不上。父亲在店铺中吃惯了，在家过日子，舍不得吃些好的，进入老年，身体就不行了。见我回来了，父亲很高兴。有一天晚上，一家人坐在炕上闲话，我絮絮叨叨地说我在外面受了多少苦，担了多少惊。父亲忽然不高兴起来，说："在家里，也不容易！"回到自己屋里，妻抱怨说："你应该先说爹这些年不容易！"

那时农村实行合理负担，富裕人家要买公债，又遇上荒年，父亲不愿卖地，地是他的性命所在，不能从他手里卖去分毫。他先是动员家里人卖去首饰、衣服、家具，然后又步行到安国县老东家那里，求讨来一批钱，支持过去。他以为这样做很合理，对我详细地描述了他那时的心情和境遇，我只能默默地听着。

父亲是一九四七年五月去世的。春播时，他去耪楼，出了汗，回来就发烧，一病不起。立增叔到河间，把我叫回来。我到地委机关，请来一位医生，医术和药物都不好，没有什么效果。

父亲去世以后，我才感到有了家庭负担。我旧的观念很重，想给父亲立个碑，至少安个墓志。我和一位搞美术的同志，到店子头去看了一次石料，还求陈肇同志给撰写了一篇很简短的碑文。不久就土地改革了，一切无从谈起。

父亲对我很慈爱，从来没有打骂过我。到保定上学，是父亲送去的。他很希望我能成才，后来虽然有些失望，也只是存在心里，没有当面斥责过我。在我教书时，父亲对我说："你能每年交我一个长工钱，我就满足了。"我连这一点也没有做到。

父亲对给他介绍工作的姓吴的老头，一直很尊敬。那老头后来过得很不如人，每逢我们家做些像样的饭食，父亲总是把他请来，让在正座。老头总是一边吃，一边用山西口音说："我吃太多呀，我吃太多呀！"

一九八四年四月二十七日
上午寒流到来，夜雨泥浆

唐 官 屯

虽然我在文章中，常常写到抗日战争和解放战争，实际上我并没有真正打过仗。我是一名文士，不是一名战士。我背过各式各样的小手枪，甚至背过盒子炮，但那都是装饰性的，为了好看。我没有放过一次枪，所以带上这种玩意儿，连自卫防身都说不上，有时还招祸。有一次离开队伍，一个人骑自行车走路，就因为腰里有一把撸子，差一点没被身后的歹人暗算。

所以说，我参加过战争，只是在战争的环境里，生活和工作过。或者说在战争的外围，战争的后方，转游了那么十多年。

一九四八年初夏，我亲临了一次前线。那是解放战争中，青沧战役的攻取唐官屯战斗。我在抗日胜利后，回到了冀中区。区党委在一次会议中，号召作家们上前线，别人都没应声，我报了名。这并非由于我特别勇敢，或是觉悟比别人高。是因为我脸皮薄，上级一提及作家，我首先沉不住气。

我从河间骑自行车到青县，在一个村庄找到了军部，那里有我在抗日战争时期认识的一位诗人，是军的宣传部长。他又介绍我去找旅部，并把我送出村外，走了很远。他对我说：

"你没有打过仗，到那里又没有熟人，自己要特别注意。打起仗来，别人照顾不了你。"

他说得很恳切真诚，使我一直记得他当时的严肃神情和拳拳之意。

我到了旅部，旅政治部，有我在抗战学院时一个学生。这位学生，曾跟我在一个剧团里拉过胡琴。他向要去参加战斗的宣传科王科长介绍了我，要他在前方关照我。

第二天下午，王科长带着我参加了进攻唐官屯的战士行列。在路上，遇到一位也是来体验生活的同志，据说是茅盾的女婿，我和他一前一后走着。他牺牲在这次战斗里。

战斗开始后，王科长和我在唐官屯附近一个菜园里，菜园里有一间土屋，架有指挥部的电话。当战斗进行了十几分钟的时候，王科长带我去过河。河对岸的敌人碉堡，已经被摧毁。我不知道，战士们怎样过的河，很可能是涉水过去的。我们却要在河边等待撑过来的一只大笸箩。我看到河边有几具战士的尸体，被帆布掩盖起来。这时有一发炮弹落到河边，我在沙地上翻滚了几下，然后上到笸箩里，到了对岸。

到了对岸，天已经黑下来，王科长带我进了街。街的那一头还在战斗，他把我安置在一家店铺，就到前面做他的工作去了。

我一个人在店铺黑洞洞的屋里，整整坐了一夜，听着稀稀拉拉的枪炮声。黎明时，王科长才回来，他告诉我已经开仓济贫，叫我去看看市民们领取粮食的场面。

不到中午，这次战争就算胜利结束了，我们来时过的那条河上，已经搭起了浮桥，我从上面走了回来。

在这次战斗中，我没有得到什么战利品，反倒丢失了一条皮带，还有原来挂在皮带上的一只小洋瓷碗，和一件毛背心。毛背心是用我年幼时一条大围巾，请一位女同志改织而成。这可能是遇到炮击时，我滚爬时失落的，也可能是丢在那家店铺里了。

直到现在，我还常常想起那位王科长。他高高的个儿，瘦瘦的脸上，流露着沉着机敏的神情。对我的负责照料，那就更不用说了。

  关于这次到前线，我只是写了一篇简短的报导。

  当然，没有打过仗的人，也可以把战争写得很生动很热闹，就像舞台上的武打一样，虽然绝对不是古代战争的真相，却能按照程式演得火炽非常。但我从来不敢吹牛，我在这方面有多少感受。因为我太缺乏战斗经验了。

  两年以后，当我搬家来天津的时候，一天夜晚，全家人宿在唐官屯村头一家破败的大车店里。我又见到了那条河，想起了那用大帆布蒙盖着的战士尸体。但天色已经很暗，远处的景物，就都看不清楚了。说实在的，那时我正在为一家七口人的生活、衣食操劳焦心，再没有心情去详细回忆既往，观察目前。我甚至没有兴致向家人提说，过去我曾经跟着军队，在这里打过仗，差一点没炸死在河边上。第二天黎明，就又登程赶路了。

一九八四年五月二日

老　　家

前几年，我曾诌过两句旧诗："梦中每迷还乡路，愈知晚途念桑梓。"最近几天，又接连做这样的梦：要回家，总是不自由；请假不准，或是路途遥远。有时决心起程，单人独行，又总是在日已西斜时，迷失路途，忘记要经过的村庄的名字，无法打听。或者是遇见雨水，道路泥泞；而所穿鞋子又不利于行路，有时鞋太大，有时鞋太小，有时倒穿着，有时横穿着，有时系以绳索。种种困扰，非弄到急醒了不可。

也好，醒了也就不再着急，我还是躺在原来的地方，原来的床上，舒一口气，翻一个身。

其实，"文化大革命"以后，我已经回过两次老家，这些年就再也没有回去过，也不想再回去了。一是，家里已经没有亲人，回去连给我做饭的人也没有了。二是，村中和我认识的老年人，越来越少，中年以下，都不认识，见面只能寒暄几句，没有什么意思。

前两次回去：一次是陪伴一位正在相爱的女人，一次是在和这位女人不睦之后。第一次，我们在村庄的周围走了走，在田头路边坐了坐。蘑菇也采过，柴火也拾过。第二次，我一个人，看见亲人丘陇，故园荒废，触景生情，心绪很坏，不久就回来了。

现在，梦中思念故乡的情绪，又如此浓烈，究竟是什么道理呢？实在说不清楚。

我是从十二岁，离开故乡的。但有时出来，有时回去，老家还是我固定的窠巢，游子的归宿。中年以后，则在外之日多，居家之日少，且经战乱，行居无定。及至晚年，不管怎样说和如何想，回老家去住，是不可能的了。

是的，从我这一辈起，我这一家人，就要流落异乡了。

人对故乡，感情是难以割断的，而且会越来越萦绕在意识的深处，形成不断的梦境。

那里的河流，确已经干了，但风沙还是熟悉的；屋顶上的炊烟不见了，灶下做饭的人，也早已不在。老屋顶上长着很高的草，破漏不堪；村人故旧，都指点着说："这一家人，都到外面去了，不再回来了。"

我越来越思念我的故乡，也越来越尊重我的故乡。前不久，我写信给一位青年作家说："写文章得罪人，是免不了的。但我甚不愿因为写文章，得罪乡里。遇有此等情节，一定请你提醒我注意！"

最近有朋友到我们村里去了一趟，给我几间老屋，拍了一张照片，在村支书家里，吃了一顿饺子。关于老屋，支书对他说："前几年，我去信问他，他回信说：也不拆，也不卖，听其自然，倒了再说。看来，他对这几间破房，还是有感情的。"

朋友告诉我：现在村里，新房林立；村外，果木成林。我那几间破房，留在那里，实在太不调和了。

我解嘲似的说："那总是一个标志，证明我曾是村中的一户。人们路过那里，看到那破房，就会想起我，念叨我。不然，就真的会把我忘记了。"

但是，新的正在突起，旧的终归要消失。

一九八六年八月十二日，晨起作。闷热，小雨

无　　题

　　他逝世了。紧锁的双眉，额上的皱纹，并没有因为死，而得到舒展。他是一名老战士，说他因为忧国忧民，死不瞑目，当然也不为无理。但近年来，最使他痛苦和不安的，是时时刻刻泛上心头的忏悔之情。不是对革命、对工作的忏悔，这些方面，他完全可以说是问心无愧的。他是对自己壮年远行，背井离乡，抛舍老父老母，青春发妻，幼小儿女，一生之中，对他们没有尽到应尽的责任而忏悔，痛苦。

　　在朋友们看来，他一直是谨小慎微的恂恂君子，在事业上的成绩，也还可以，并被说成是功成名就。这些，当然是就他生前而言，至于以后如何评论，那自然是另外一回事了。

　　去年，他还分到一套比较高级的住宅，脱离了旧居的冬季寒冷、夏季漏雨，以及周围卑劣小人的干扰之苦。新住宅区，除去现任官吏之外，还有不少和他年纪相当的老人。其中有些人面孔较熟，并常听到乡音。

　　他从去年八月份搬来，每天见到，有一群农民模样的民工，平整土地，换土栽树栽花，他的楼前空地，设计了一处庭院公园，有树木、山石，有花廊、石桌、石凳，花砖铺地，所费不赀。

因是楼群，当然也谈不上安静。楼外施工，室内装修，每天电钻、电焊、斧锯之声不断。每天接送官员的汽车，一辆接一辆，楼群中路又窄，他总是错过上下班时间，再下楼散步。

对于这些，他都无系于心，他知道，多好的住处，或多坏的住处，对他这种年岁的人，都是最后的逆旅，前一站就阴阳易界，是小小的木盒了。

他终于进入了木盒。

他对小木盒，并没有什么美好的感情。他尤其害怕，在那种更密集的住宅区，遇到在二十年前，先他赴冥的老伴。在那里，她已经获得彻底解放，观念已经完全更新，她可以没有任何顾忌，摆脱一切束缚，向他提出生前忍耐多年的责难，他将无言答对，无地自容。

这就是，为什么他死了以后，脸上仍然表现极大愁苦的原因。

芸斋悼之曰：禅语有：何所闻而来？何所见而去？云云。过去视为机锋；今日细想，实是废话。佛书多类此。然自晋至唐，为之舍家苦行者有之，为之断肢自焚者有之，后人难以想象。社会思潮之形成与变异，时代使然也。

君历世近八十年，当有所闻见矣。其中，有欲闻或不欲闻，有欲见或不欲见。或不得不闻，不得不见者，均系人生现实，非关佛书禅语。况君离家出走，非为佛门清净也，更非迷信所致。当时民族处于危亡，非抗日不足以图存。全国青年，风纵云合，高歌以赴，万死不辞，亦可谓先天下之忧而乐矣。当今，处开放之时，国家强盛，人民富足。重驿来游，商贾满路。万民欢腾，而君似又有所戚戚。小我之悲，无乃有失大公之初衷乎？无以名之，谓君为后天下之乐而忧，可矣！

一九九一年七月二十日晨促成之

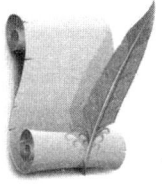
文学与生活的路

保 定 旧 事

  我的家乡，距离保定，有一百八十里路。我跟随父亲在安国县，这样就缩短了六十里路。去保定上学，总是雇单套骡车，三个或两个同学，合雇一辆。车是前一天定好，刚过半夜，车夫就来打门了。他们一般是很守信用，绝不会误了客人行程的。于是抱行李上车。在路上，如果你高兴，车夫可以给你讲故事；如果你困了，要睡觉，他便停止，也坐在车前沿，抱着鞭子睡起来。这种旅行，虽在深夜，也不会迷失路途。因为学生们开学，路上的车，连成了一条长龙。牲口也是熟路，前边停下，它也停下；前边走了，它也跟着走起来，这样一直走到唐河渡口，天也就大亮了。如果是春冬天，在渡口也不会耽搁多久。车从草桥上过去，桥头上站着一个人，一边和车夫们开着玩笑，一边敲诈着学生们的过路钱。

  中午，在温仁或是南大冉打尖。一进街口，便有望不到头的各式各样的笊篱，挂在大街两旁的店门口。店伙们站在门口，喊叫着，招呼着，甚至拦截着，请车辆到他的店中去。但是，这不会酿成很大的混乱，也不会因为争夺生意，互相吵闹起来。因为店伙们和车夫们都心中有数，谁是哪家的主顾，这是一生一世，也不会轻易忘情和发生变异的。

一进要停车打尖的村口，车夫们便都神气起来。那种神气是没法形容的，只有用他们的行话，才能说明万一。这就是那句社会上公认的成语："车喝儿进店，给个知县也不干！"

确实如此，车夫把车喝住，把鞭子往车竿上一插，便什么也不管，径到柜房，洗脸，喝茶，吃饭去了。一切由店伙代劳。酒饭钱，牲口草料钱，自然是从乘客的饭钱中代付了。

牲口、人吃饱了，喝足了，连知县都不想干的车夫们，一个个喝得醉醺醺的，蜂拥着从柜房出来，催客人上路。其实，客人们早就等急了，天也不早了。这时，人欢马腾，一辆辆车赶得要飞起来，车夫坐在车上，笑嘻嘻地回头对客人说：

"先生，着什么急？这是去上学，又不是回家，有媳妇等着你！"

"你该着急呀，"一些年岁大的客人说，"保定府，你有相好的吧！"

"那误不了，上灯以前赶到就行！"车夫笑着说。

一进校门，便是黄卷青灯的生活。

这是一所私立中学，设在西关外一条南北街上。这是一条很荒凉的小街道，但庄严地坐落着一所大学和两所中等学校。此外就只有几家小饭铺，三两处糖摊。

整个保定的街道，都是坑坑洼洼，尘土飞扬的。那时谁也没想过，这个府城为什么这样荒凉，这样破旧，这样萧条。也没有谁想到去建设它，或是把它修整修整。谁也没有去注意这个城市的市政机关设在哪里，也看不到一个清扫街道的工人。

从学校进城去，还有一条斜着通到西门的坎坷的土马路，走过一座卖包子和罩火烧的小楼，便是护城河的石桥。秋冬风沙大，接近城门时，从门洞刮出的风又冷又烈，就得侧着身子或背着身子走。在转身的一刹那，常常会看到，在城门一边的墙上，挂着一个小木笼，这就是在那个年代，视为平常的、被灰尘蒙盖了的、血肉模糊的示众的首级。

经常有些杂牌军队，在西关火车站驻防。星期天，在石桥旁边那家澡堂里，可以看到好多军人洗澡。在马路上，三两成群的外出士兵，一般都不携带枪支，而是把宽厚的皮带握在手里。黄昏的时候，常常有全副武装的一小队人，匆匆忙忙在街上冲过，最前边的一个人，抱着灵牌一样的纸糊大令。城门上悬挂的物件，就全是他们的作品。

如果遇到什么特别重要的人物来了，比如当时的张学良，则临时戒严，街上行人，一律面向墙壁，背后排列着也是面向墙壁的持枪士兵。

这个城市，就靠几所学校维持着，成为中国北方除北平以外著名的文化古城。

如果不是星期天，城里那条最主要的街道——西大街上，是很少行人的。两旁店铺的门，有的虚掩着，有的干脆就关闭。有名的市场"马号"里，游人也是寥寥无几。这个市场，高高低低，非常阴暗。各个小铺子里的店员们，呆呆地站在柜台旁边，有的就靠着柜台睡着了。

只有南门外大街上，几家小铁器铺里，传出叮叮当当的响声；另外，从西关水磨那里，传来哗哗的流水声。此外，这就是一座灰色的，没有声音的，城南那座曹锟花园，也没有几个游人的，窒息了的城市。

那时候，只是一家单纯的富农，还不能供给一个中学生；一家普通地主，不能供给一个大学生。必须都兼有商业资本或其他收入。这样，在很长时间里，文化和剥削，发生着不可分割的关联。

这所私立的中学，一个学生一年要交三十六元的学费（买书在外）。那时，农民出售三十斤一斗的小麦，也不过收入一元多钱。

这所中学，不只在保定，在整个华北也是有名的。它不惜重金，礼聘有名望的教员，它的毕业生，成为天津北洋大学录取新生的一个主要来源。同时，不惜工本，培养运动员。北平师范大学体育系，每期差不多由它包办了。它在篮球场上，一度成为舞台上的梅兰芳那样的明星，王玉增的母校。

它也是那些从它这里培养，去法国勤工俭学，归来后成为一代著名人物的人们的母校。

当我进校的时候，它还附设着一个铁工厂，又和化学教员合办了一个制革厂，都没有什么生意，学生也不到那里去劳动，勤工俭学，已经名存实亡了。

学校从操场的西南角，划出一片地方，临着街盖了一排教室，办了一所平民学校。

在我上高二的时候，我有一个要好的同班生，被学校任命为平民学校的校长。他见我经常在校刊上发表小说，就约我去教女高小二年级的国文。

被教育了这么些年，一旦要去教育别人，确是很新鲜的事。听到上课的铃声，抱着书本和教具，从教员预备室里出来，严肃认真地走进教室。教室很小，学生也不多，只有五六个人。她们肃静地站立起来，认真地行着礼。

平民学校的对门，就是保定第二师范。在那灰色的大围墙里面，它的学生们，正在进行实验苏维埃的红色革命。国家民族处在生死存亡危急的关头，九一八、"一·二八"事变，在学生平静的读书生活里，像投下两颗炸弹，许多重大迫切的问题，涌到青年们的眼前，要求每个人做出解答。

我写了韩国志士谋求独立的剧本，给学生们讲了法国和波兰的爱国小说，后来又讲了十月革命的短篇作品。

班长王淑珍，坐在最前排中间位置上。每当我进来，她喊着口令，声音沉稳而略带沙哑。她身材矮小，面孔很白，眼睛在她那小而有些下尖的脸盘上，显得特别的黑和特别的大。油黑的短头发，分下来紧紧贴在两鬓上。嘴很小，下唇丰厚，说话的时候，总带着轻微的笑。

她非常聪明，各门功课都是出类拔萃的，大楷和绘画，我是望尘莫及的。她的作文，紧紧吻合着时代，以及我教课的思想和感情。有说不完的意思，她就写很长的信，寄到我的学校，和我讨论，要我解答。

我们的校长，曾经跟随过孙中山先生，后来，有人说他成了国家主义派，专门办教育了。他住在学校第二层院的正房里。学校原是由一座旧庙改建的，他所住的，就是庙宇的正殿。他是道貌岸然的，长年袍褂不离身。很少看见他和人谈笑，却常常看到他在那小小的庭院里散步，也只是限于他们门前那一点点地方。一九二七年以后，每次周会，能在大饭堂听到他的清楚简短的讲话。

训育主任的办公室，设在学生出入必须经过的走廊里。他坐在办公桌上，就可以对出入学校大门的人，一览无余。他觉得这还不够，几乎无时不在那一丈多长的走廊中间，来回踱步。师道尊严，尤其是训育主任，左规右矩，走路都要给学生做出楷模。他高个子，西服革履，一脸杀气——据说曾当过连长，眼睛平直前望，一步迈出去，那种慢劲和造作劲，和仙鹤完全一样。

他的办公室的对面，是学生信架，每天下午课后，学生们到这里来，看有没有自己的信件。有一天，训育主任把我叫到他的办公室，用简短客气的话语，免去了我在平校的教职。显然是王淑珍的信出了毛病。

我的讲室，在面对操场的那座二层楼上。每次课间休息，我们都到走廊上，看操场上的学生们玩球。平校的小小院落，看得很清楚。随着下课铃响，我看见王淑珍站在她的课堂门前的台阶上，用忧郁的、大胆的、厚意深情的目光，投向我们的大楼之上。如果是下午，阳光直射在她的身上。她不顾同学们从她身边跑进跑出，直到上课的铃声响完，她才最后一个转身进入教室。

我从农村来，当时不太了解王淑珍的家庭生活。后来我才知道，这叫作城市贫民。她的祖先，不知在一种什么境遇下，在这个城市住了下来，目前生活是很穷困的了。她的母亲，只能把她押在那变化无常的，难以捉摸的，生活或者叫作命运的棋盘上。

城市贫民和农村的贫农不一样。城市贫民，如果他的祖先阔气过，那就要照顾生活的体面。特别是一个女孩子，她在家里可以吃不饱，但出门之时，就要有一件像样的衣服穿在身上。如果在冬天，就还要有一条宽大漂亮的毛线围巾，披在肩头。

当她因为眼病，住了西关思罗医院的时候，我又知道她家是教民，这当然也是为了得到生活上的救济。我到医院去看望了她，她用纱布包裹着双眼，像捉迷藏一样。她母亲看见我，就到外边买东西去了。在那间小房子里，王淑珍对我说了情意深长的话。医院的人来叫她去换药，我也告辞，她走到医院大楼的门口，回过身来，背靠着墙，向我的方位站了一会儿。

这座医院，是一座外国人办的医院，它有一带大围墙，围墙以内就成了殖民地。我顺着围墙往外走，经过一片杨树林。有一个小教民，背着柴筐从对面走来，向我举起拳头示威。是怕我和他争夺秋天的败枝落叶呢？还是意识到主子是外国人，自己也高人一等？

王淑珍和我年岁相差不多，她竟把我当作师长，在茫茫的人生原野上，希望我能指引给她一条正确的路。我很惭愧，我不是先知先觉，我很平庸，不能引导别人，自己也正在苦恼地从书本和实践中探索。训育主任，想叫学生循着他所规定的，像操场上田径比赛时，用白粉划定的跑道前进，这也是不可能的。时代和生活的波涛，不断起伏。在抗日大浪潮的推动下，我离开了保定，到了距离她很远的地方。

我不知道，生活把王淑珍推到了什么地方，我想她现在一定生活得很幸福。

那种苦雨愁城，枯柳败路的印象，很自然地一扫而光。

一九七七年三月

平原的觉醒

一九三七年冬季,冀中平原是动荡不安的。秋季,滹沱河发了一场洪水,接着,就传来日本人已攻到保定的消息。每天,有很多逃难的人,扶老携幼,从北面涉水而来,和站在堤上的人们,简单交谈几句,就又慌慌张张往南走了。

"就要亡国了吗?"农民们站在堤上,望着茫茫大水,唉声叹气地说。

国民党的军队放下河南岸的防御工事,往南逃,县政府也雇了许多辆大车往南逃。有一天,郎仁渡口,有一个国民党官员过河,在船上打着一柄洋伞,敌机当成军事目标,滥加轰炸扫射。敌机走后,人们拾到很多像蔓菁粗的子弹头和更粗一些的空弹壳。日本人真的把战争强加在我们的头上来了。

我原来在外地的小学校教书,七七事变,我就没有去。这一年的冬季,我穿着灰色棉袍,经常往返于我的村庄和安平县城之间。由吕正操同志领导的人民自卫军司令部,就驻在县城里,我有几个过去的同事,在政治部工作。抗日人人有份,当时我虽然还没有穿上军衣,他们也分配我一些抗日宣传方面的工作。

我记得第一次是在家里编写了一本名叫《民族革命战争与戏剧》

的小册子，政治部作为一个文件油印发行了。经过这些年的大动荡，居然保存下来一个复制本子。内容为：前奏。上篇：一、民族解放战争与艺术武器。二、戏剧的特殊性。三、中国劳动民众接近的戏剧。四、我们的口号。下篇：一、怎样组织剧团。二、怎样产生剧本。三、怎样演出。

接着，我还编了一本中外革命诗人的诗集，名叫《海燕之歌》，在县城铅印出版。厚厚的一本，紫红色的封面。因为印刷技术，留下一个螺丝钉头的花纹，意外地给阎素同志的封面设计，增加了一种有力的质感。

阎素同志是宣传部的干事，他从一个县城内的印字店找到一架小型简单的铅印机，还有一些零零散散大大小小的铅字。又找来几个从事过印刷行业的工人，就先印了这本，其实并非当务之急的书。经过"五一大扫荡"，我再没有发现过这本书。

与此同时，路一同志主编了《红星》杂志，在第一期上，发表了我的一篇论文，题为《现实主义文学论》。这谈不上是我的著作，可以说是我那些年，学习社会科学和革命文学理论的读书笔记。其中引文太多了，王林同志当时看了，客气地讽刺说："你怎么把我读过的一些重要文章，都摘进去了。"好大喜功、不拘小节的路一同志，却对这洋洋万言的"论文"，在他主编的刊物上出现，非常满意，一再向朋友们推荐，并说："我们冀中真有人才呀！"

这篇论文，现在也不容易找到了。抗战刚刚胜利时，我在一家房东的窗台上翻了一次。虽然没有什么个人的独特见解，但行文叙事之间，有一股现在想来是难得再有的热情和泼辣之力。

《红星》是一种政治性刊物，这篇文章提出"现实主义"，有幸与"抗日民族统一战线""抗日游击战争"等等当前革命口号，同时提示到广大的抗日军民面前。

不久，我在区党委的机关报《冀中导报》，发表了《鲁迅论》，占了小报整整一版的篇幅。

青年时写文章，好立大题目，摆大架子，气宇轩昂，自有他好的一方面，但也有名不副实的一方面。后来逐渐知道扎实、委婉，但热力也有所消失。

一九三八年的春天，我算正式参加了抗日工作。那时冀中区成立一个统一战线的组织，叫人民武装自卫会。吕正操同志主持了成立大会，由史立德任主任，我当了宣传部长。会后，我和几个同志到北线蠡县、高阳、河间去组织分会，和新被提拔的在那些县里担任县政指导员的同志们打交道。这个会，我记得不久就为抗联所代替，七八月间，我就到设在深县的抗战学院去教书了。

这个学院由杨秀峰同志当院长，分民运、军事两院，共办了两期。第一期，我在民运院教抗战文艺。第二期，在军事院教中国近代革命史。

民运院差不多网罗了冀中平原上大大小小的知识分子，从高小生到大学教授。它设在深县中学里，以军事训练为主，教员都称为"教官"。在操场，搭了一个大席棚，可容五百人。横排一条条杉木，就是学生的座位。中间竖立一面小黑板，我就站在那里讲课。这样大的场面，我要大声喊叫，而一堂课是三个小时。

我没有讲义，每次上课前，写一个简单的提纲。每周讲两次。三个月的时间，我主要讲了：抗战文艺的理论与实际，文学概论和文艺思潮；革命文艺作品介绍，着重讲了现实主义的创作方法。

不管我怎样想把文艺和抗战联系起来，这些文艺理论上的东西，无论如何，还是和操场上的实弹射击，冲锋刺杀，投手榴弹，很不相称。

和我同住一屋的王晓楼，讲授哲学，他也感到这个问题。我们共同教了三个月的书以后，学员们给他的代号是"矛盾"，而赋予我的是"典型"，因为我们口头上经常挂着这两个名词。

杨院长叫我给学院写一个校歌歌词，我应命了，由一位音乐教官谱曲。现在是连歌词也忘记了，经过时间的考验，词和曲都没有生命力。

去文习武，成绩也不佳。深县驻军首长，赠给王晓楼一匹又矮又小的青马，他没有马夫，每天自己喂饮它。

有一天，他约我去秋郊试马。在学院附近的庄稼大道上，他先跑了一趟。然后，他牵马坠镫，叫我上去。马固然跑得不是样子，我这个骑士，也实在不行，总是坐不稳，惹得围观的男女学生拍手大笑，高呼"典型"。

在八年抗日战争和以后的解放战争期间，因为职务和级别，我始终也没有机会得到一匹马。我也不羡慕骑马的人，在不能称为千山万水，也有千水百山的征途上，我练出了两条腿走路的功夫，多么黑的天，多么崎岖的路，我也很少跌跤。

晓楼已经作古，我是很怀念他的，他是深泽人。阴历腊月，敌人从四面蚕食冀中，不久就占领了深县城。学院分散，我带领了一个剧团，到乡下演出，就叫流动剧团。我们现编现演，常常挂上幕布，就发现敌情，把幕拆下，又到别村去演。演员穿着服装，带着化装转移，是常有的事。这个剧团，活动时间虽不长，但它的基本演员，建国后，很多人成为名演员。

一九三九年春天，我就调到阜平山地去了。这个学院的学员，从那时起，转战南北，在部队，在地方，都建树了不朽的功勋。

一九三七年冬季，冀中平原是大风起兮，人民是揭竿而起。农民的爱国家、爱民族的观念，是非常强烈的。在敌人铁蹄压境的时候，他们迫切要求执干戈以卫社稷。他们苦于没有领导，他们终于找到共产党的领导。

一九七八年十月六日

在 阜 平

——《白洋淀纪事》重印散记

中国青年出版社要重印《白洋淀纪事》。这本书是由过去几本小书合成的,而小书根据的原件,又多是战争年月的油印、石印或抄写本,不清晰,错字多。合印时,我在病中,未能亲自校对,上次重印,虽说"自校一过",也只是着重校了书的上半部。

这本集子最初是由一位老战友协同出版社编辑的,采用了倒编年的办法,即把后写的排在前,而先写的列在后;这当然有他们的不可非议的想法,是一种好意。

这次重校,是从书的最后一篇,倒溯上去。实际上就是顺着写作年月看下去,好像又从原来的出发点开始,把过去走过的路,重新旅行了一次。不只对路上的一山一水,一石一树,都感到亲切,在行走中间,也时时有所感触。

一九三九年春天,我从冀中平原调到阜平一带山地,分配在晋察冀通讯社工作,这是新成立的一个机关,其中的干部,多半是刚刚从抗大毕业的学生。

通讯社在城南庄,这是阜平县的大镇。周围除去山,就是河滩沙石,我们住在一家店铺的大宅院里。我的日常工作是作"通讯指导",每天给各地新发展的通讯员写信,最多可写到七八十封,现在已经记不起写的是什么内容。此外，我编写了一本供通讯员学习的材料，堂皇的题目叫作：《论通讯员及通讯写作诸问题》，可能是东抄西凑吧。不久铅印出版，是当时晋察冀少有的铅印书之一，可惜现在找不到了。

在这一期间，我认识了当代一些英才彦俊，抗日风暴中的众多歌手。伟大的抗日战争，把祖国各地各个角落的有志有为的青年，召唤到民族革命战争的前线。每天有成千上万的青年奔向前方，他们是国家一代的精华，蕴藏多年的火种，他们为抗日献出了青春的才力，无数人献出了生命。

这个通讯社成立时有十几个人，不到几年，就牺牲了包括陈辉、仓夷、叶烨在内的，好几位才华洋溢的青年诗人。在暴风雨中，他们的歌声，他们跃进的步伐，永不磨灭地存在一个时代和我个人的记忆之中。

机关不久就转移到平阳附近的三将台。这是一个建筑在高山坡上，面临一条河滩的，只有十几户人家的小村子。到这个村子不久，我被派到雁北地区作了一次随军采访，回来就过春节了。这还是我第一次离开家乡过春节，东望硝烟弥漫的冀中平原，心情十分沉重。

大年三十晚上，我的房东，端了一个黑粗瓷饭碗，拿了一双荆树条做的筷子，到我住的屋里，恭恭敬敬地放在炕沿上，说："尝尝吧。"

那碗里是一方白豆腐，上面是一撮烂酸菜，再上面是一个窝窝头，还在冒热气。我以极其感动的心情，接受了他的馈送。

房东是一个五十来岁的单身汉，他那干黑的脸，迟滞的眼神，带些愁苦的笑容以及暴露粗筋的大手，这在冀中我是见惯了的，一些穷苦的中年人，大都如此。这里的生活，比起冀中来就更苦，他们成年累月地吃糠咽菜，每家院子里放着几只高与人齐的大缸，里面泡满了几乎所有可以摘到手的树叶。在我们家乡，荒年时只吃榆树、柳树的嫩叶，他们这里是连杏树、杨树甚至蓖麻的大叶子，都拿回来泡在缸里。上面压上几块大石头，风吹日晒雨淋，夏天，蛆虫顺着缸沿到处爬。吃的时候，切成碎块，拿到河里去淘洗，回来放上一点盐。

今天的酸菜是白萝卜的缨子，这是只有过年过节才肯吃的。

我们在这村里，编辑一种油印的刊物《文艺通讯》。一位梁同志管刻写。印刷、折叠、装订、发行，我们俩共同做。他是一个中年人，曲阳口音，好像是从区里调来的。那时，虽说是五湖四海，却很少互问郡望。他很少说话，没事就拿起烟斗，坐在炕上抽烟。他的铺盖很整齐，离家近的缘故吧，除去被子，还有褥子枕头之类。后来，他要调到别处去，为了纪念我们这一段共事，他把一块铺在身下的油布送给了我，这对我当然是很需要的，因为我只有一条被，一直睡在没有席子的炕上。但也享受了不久，一次行军，中午躺在路边大石头上休息，把油布铺在下面，一觉醒来，爬起来就赶路，把油布丢了。

晚上，我还帮助一位姓李的女同志办识字班。她是一位热情、美丽、善良的青年，经过她的努力，把新的革命的文化，带给了这个偏僻落后的小村庄，并且因为我们的机关住在这里，它不久就成为边区文化的一个中心。

阜平一带，号称穷山恶水。在这片炮火连天的大地上，随时可以看到：一家农民，住在高高的向阳山坡上，他把房前房后，房左房右，高高低低的，大大小小的，凡是有泥土的地方，都因地制宜，栽上庄稼。到秋天，各处有各处的收获。于是，在他的房顶上面，屋檐下面，门框和窗棂上，挂满了红的、黄的粮穗和瓜果。当时，党领导我们在这片土地上工作的情形，就是如此。

山下的河滩不广，周围的芦苇不高。泉水不深，但很清澈，冬夏不竭，鱼儿们欢畅地游着，追逐着。山顶上，秃光光的，树枯草白，但也有秋虫繁响，很多石鸡、鹧鸪飞动着，孕育着，自得其乐地唱和着,山兔麏獐,忽然出现又忽然消失。

当时,我们在这里工作,天地虽小,但团结一致,情绪高涨;生活虽说艰苦,但工作效率很高。

我非常怀念经历过的那一个时代,生活过的那些村庄,作为伙伴的那些战士和人民。我非常怀念那时走过的路,踏过的石块,越过的小溪。记得那些风雪、泥泞、饥寒、惊扰和胜利的欢乐,同志们兄弟一般的感情。

在这一地区,随着征战的路,开始了我的文学的路。我写了一些短小的文章,发表在那时在艰难条件下出版的报纸期刊上。它们都是时代的仓促的记录,有些近于原始材料。有所闻见,有所感触,立刻就表现出来,是璞不是玉。生活就像那时走在崎岖的山路上,随手可以拾到的碎小石块,随便向哪里一碰,都可以迸射出火花来。

"四人帮"当路的年代,我的书的遭遇如同我的本身。有人也曾劝我把《白洋淀纪事》改一改,我几乎没加思考地拒绝了。如果按照"四人帮"的立场、观点、方法,还有他们那一套语言,去篡改抗日战争,那不只有背于历史,也有昧于天良。我宁可沉默。

真正的历史,是血写的书,抗日战争也是如此。真诚的回忆,将是明月的照临,清风的吹拂,它不容有迷雾和尘沙的干扰。面对祖国的伟大河山,循迹我们漫长的征途:我们无愧于党的原则和党的教导吗?无愧于这一带的土地和人民对我们的支援吗?无愧于同志、朋友和伙伴们在战斗中形成的情谊吗?

一九七七年九月十八日

某 村 旧 事

　　一九四五年八月，日寇投降，我从延安出发，十月到浑源，休息一些日子，到了张家口。那时已经是冬季，我穿着一身很不合体的毛蓝粗布棉衣，见到在张家口工作的一些老战友，他们竟是有些"城市化"了。做财贸工作的老邓，原是我们在晋察冀工作时的一位诗人和歌手，他见到我，当天夜晚把我带到他的住处，烧了一池热水，叫我洗了一个澡，又送我一些钱，叫我明天到早市买件衬衣。当年同志们那种同甘共苦的热情，真是值得怀念。

　　第二天清晨，我按照老邓的嘱咐到了摊贩市场。那里热闹得很，我买了一件和我的棉衣很不相称的"绸料"衬衣，还买了一条日本的丝巾围在脖子上，另外又买了一顶口外的狸皮冬帽戴在头上。路经宣化，又从老王的床铺上扯了一条粗毛毯，一件日本军用黄呢斗篷，就回到冀中平原上来了。

　　这真是胜利归来，洋洋洒洒，连续步行十四日，到了家乡。在家里住了四天，然后，在一个大雾弥漫的早晨，到蠡县县城去。

　　冬天，走在茫茫大雾里，像潜在又深又冷的浑水里一样。但等到太阳出来，就看见村庄、树木上，满是霜雪，那也真是一种奇景。那些年，我是多么喜欢走路行军！走在农村的、安静的、平坦的道路上，人的思想就会像清晨的阳光，猛然投射到披满银花的万物上，那样闪耀和清澈。

傍晚，我到了县城。县委机关设在城里原是一家钱庄的大宅院里，老梁住在东屋。

梁同志朴实而厚重。我们最初认识是一九三八年春季，我到这县组织人民武装自卫会，那时老梁在县里领导着一个剧社。但熟起来是在一九四二年，我从山地回到平原，帮忙编辑《冀中一日》的时候。

一九四三年，敌人在晋察冀持续了三个月的大"扫荡"。在繁峙境，我曾在战争空隙，翻越几个山头，去看望他一次。那时他正跟随西北战地服务团行军，有任务要到太原去。

我们分别很久了。当天晚上，他就给我安排好了下乡的地点，他叫我到一个村庄去。我在他那里，见到一个身材不高管理文件的女同志，老梁告诉我，她叫银花，就是那个村庄的人。她有一个妹妹叫锡花，在村里工作。

到了村里，我先到锡花家去。这是一家中农。锡花是一个非常热情、爽快、很懂事理的姑娘。她高高的个儿，颜面和头发上，都还带着明显的稚气，看来也不过十七八岁。中午，她给我预备了一顿非常可口的家乡饭：煮红薯、炒花生、玉茭饼子、杂面汤。

她没有母亲，父亲有四十来岁，服饰不像一个农民，很像一个从城市回家的商人，脸上带着酒气，不好说话，在人面前，好像做了什么错事似的。在县城，我听说他不务正业，当时我想，也许是中年鳏居的缘故吧。她的祖父却很活跃，不像一个七十来岁的老人，黑干而健康的脸上，笑容不断，给我的印象，很像是一个牲口经纪或赌场过来人。他好唱昆曲，在我们吃罢饭休息的时候，他拍着桌沿，给我唱了一段《藏舟》。这里的老一辈人，差不多都会唱几口昆曲。

我住在这一村庄的几个月里，锡花常到我住的地方看我，有时给我带些吃食去。她担任村里党支部的委员，有时也征求我一些对村里工作的意见。有时，我到她家去坐坐，见她总是那样勤快活泼。后来，我到了河间，还给她写过几回信，她每次回信，都谈到她的学习。我进了城市，音问就断绝了。

这几年，我有时会想起她来，曾向梁同志打听过她的消息。老梁说，在一九四八年农村整风的时候，好像她家有些问题，被当作"石头"搬了一下。农民称她家为"官铺"，并编有歌谣。锡花仓促之间，和一个极普通的农民结了婚，好像也很不如意。详细情形，不得而知。乍听之下，为之默然。

我在那里居住的时候，接近的群众并不多，对于干部，也只是从表面获得印象，很少追问他们的底细。现在想起来，虽然当时已经从村里一些主要干部身上，感觉到一种专横独断的作风，也只认为是农村工作不易避免的缺点。在锡花身上，连这一点也没有感到。所以，我还是想：这些民愤，也许是她的家庭别的成员引起的，不一定是她的过错。至于结婚如意不如意，也恐怕只是局外人一时的看法。感情的变化，是复杂曲折的，当初不如意，今天也许如意。很多人当时如意，后来不是竟不如意了吗？但是，这一切都太主观，近于打板摇卦了。我在这个村庄，写了《钟》《"藏"》《碑》三篇小说。在《"藏"》里，女主人公借用了锡花这个名字。

我住在村北头姓郑的一家三合房大宅院里，这原是一家地主，房东是干部，不在家，房东太太也出去看望她的女儿了。陪我做伴的，是他家一个老用人。这是一个在农村被认为缺个魂儿、少个心眼儿、其实是非常质朴的贫苦农民。他的一只眼睛不好，眼泪不停止地流下来，他不断用一块破布去擦抹。他是给房东看家的，因而也帮我做饭。没事的时候，也坐在椅子上陪我说说话儿。

有时，我在宽广的庭院里散步，老人静静地坐在台阶上；夜晚，我在屋里地下点一些秋秸取暖，他也蹲在一边取火抽烟。他的形象，在我心里，总是引起一种极其沉重的感觉。他孤身一人，年近衰老，尚无一瓦之栖，一垄之地。无论在生活和思想上，在他那里，还没有在其他农民身上早已看到的新的标志。一九四八年平分土地以后，不知他的生活变得怎样了，祝他晚境安适。

在我的对门，是妇救会主任家。我忘记她家姓什么，只记得主任叫志扬，这很像是一个男人的名字。丈夫在外面做生意，家里只有她和婆母。婆母外表黑胖，颇有心计，这是我一眼就看出来的。我初到郑家，因为村干部很是照顾，她以为来了什么重要的上级，亲自来看过我一次，显得很亲近，一定约我到她家去坐坐。第二天我去了，是在平常人家吃罢早饭的时候。她正在院里打扫，这个庭院显得整齐富裕，门窗油饰还很新鲜，她叫我到儿媳屋里去，儿媳也在屋里招呼了。我走进西间里，看见妇救会主任还没有起床，盖着耀眼的红绫大被，两只白皙丰满的膀子露在被头外面，就像陈列在红绒衬布上的象牙雕刻一般。我被封建意识所拘束，急忙却步转身。她的婆母却在外间咪咪笑了起来，这给我的印象颇为不佳，以后也就再没到她家去过。

有时在街上遇到她婆母，她对我好像也非常冷淡下来了。我想，主要因为，她看透我是一个穷光蛋，既不是骑马的干部，也不是骑车子的干部，而是一个穿着粗布棉衣，夹着小包东游西晃溜溜达达的干部。进村以来，既没有主持会议，也没有登台讲演，这种干部，叫她看来，当然没有什么作为，也主不了村中的大计，得罪了也没关系，更何必巴结钻营？

后来听老梁说，这家人家在一九四八年冬季被斗争了。这一消息，没有引起我任何惊异之感，她们当时之所以工作，明显地带有投机性质。

在这村，我遇到了一位老战友，他的名字，我起先忘记了，我的爱人是"给事中"，她告诉我这个人叫松年。那时他只有二十五六岁，瘦小个儿，聪明外露，很会说话，我爱人只见过他一两次,竟能在十五六年以后,把他的名字冲口说出,足见他给人印象之深。

松年也是郑家支派。他十几岁就参加了抗日工作,原在冀中区的印刷厂,后调阜平《晋察冀日报》印刷厂工作。我俩人工作经历相仿,过去虽未见面,谈起来非常亲切。他已经脱离工作四五年了。他父亲多病,娶了一房年轻的继母,这位继母足智多谋,一定要儿子回家,这也许是为了儿子的安全着想,也许是为家庭的生产生活着想。最初,松年不答应,声言以抗日为重。继母遂即给他说好一门亲事,娶了过来,枕边私语,重于诏书。新媳妇的说服动员工作很见功效,松年在新婚之后,就没有回山地去,这在当时被叫作"脱鞋"——"妥协"或开小差。

时过境迁,松年和我谈起这些来,已经没有惭怍不安之情,同时,他也许有了什么人生观的依据和现实生活的体会吧,他对我的抗日战士的贫苦奔波的生活,竟时露嘲笑的神色。那时候,我既服装不整,夜晚睡在炕上,铺的盖的也只是破毡败絮。(因为房东不在家,把被面都搁藏起来,只是炕上扔着一些破被套,我就利用它们取暖。)而我还要自己去要米,自己烧饭,在他看来,岂不近于游僧的敛化,饥民的就食!在这种情况下面,我的好言相劝,他自然就听不进去,每当谈到"归队",他就借故推托,扬长而去。

有一天,他带我到他家里去。那也是一处地主规模的大宅院,但有些破落的景象。他把我带到他的洞房,我也看到了他那按年岁来说显得过于肥胖了一些的新妇。新妇看见我,从炕上溜下来出去了。因为曾经是老战友,我也不客气,就靠在那折叠得很整齐的新被垛上休息了一会儿。

房间裱糊得如同雪洞一般,阳光照在新糊的洒过桐油的窗纸上,明亮如同玻璃。一张张用红纸剪贴的各色花朵,都给人一种温柔之感。房间的陈设,没有一样不带新婚美满的气氛,更有一种脂粉的气味,在屋里弥漫……

　　柳宗元有言,流徙之人,不可在过于冷清之处久居,现在是,革命战士不可在温柔之乡久处。我忽然不安起来了。当然,这里没有冰天雪地,没有烈日当空,没有跋涉,没有饥饿,没有枪林弹雨,更没有入死出生。但是,它在消磨且已经消磨尽了一位青年人的斗志。我告辞出来,一个人又回到那冷屋子冷炕上去。

　　生活啊,你在朝着什么方向前进?你进行得坚定而又有充分的信心吗?

　　"有的。"好像有什么声音在回答我,我睡熟了。

　　在这个村庄里,我另外认识了一位文建会的负责人,他有些地方,很像我在《风云初记》里写到的变吉哥。

　　以上所记,都是十五六年前的旧事。一别此村,从未再去。有些老年人,恐怕已经安息在土壤里了吧,他们一生的得失,欢乐和痛苦,只能留在乡里的口碑上。一些青年人,恐怕早已生儿育女,生活大有变化,愿他们都很幸福。

一九六二年八月十三日夜记

删去的文字

我在一九七七年一月间所写的回忆侯、郭的文章，现在看起来简直是空空如也，什么尖锐突出的内容也没有的。在有些人看来，是和他们的高大形象不相称的。这当然归罪于我的见薄识小。

就是这样的文章，在我刚刚写出以后，我也没有决定就拿去发表的。先是给自己的孩子看了看，以为新生一代是会有先进的见解的，孩子说，没写出人家的政治方面的大事情。基于同样原因，又请几位青年同事看了，意见和我的孩子差不多，只是有一位赞叹了一下纪郭文章中提到的名菜，这也很使我不能"神旺"。春节到了，老朋友们或挂拐，或相扶，哼唉不停地来看我了，我又拿出这些稿子给他们看，他们看过不加可否，大概深知我的敝帚自珍的习惯心理。

不甘寂寞。过了一些日子，终于大着胆子把稿子寄到北京一家杂志社去了。过了很久，退了回来，信中说：关于他们，决定只发遗作，不发纪念文章。

我以为一定有"精神"，就把稿子放进抽屉里去了。

有一天，本地一个大学的学报来要稿，我就拿出稿子请他们看看，他们说用。我说北京退回来的，不好发吧，没有给他们。

等到我遇见了退稿杂志的编辑，他说就是个纪念规格问题，我才通知那个学报拿去。

你看,这时已经是一九七七年的春天了,揪出"四人帮"已经很久,我的精神枷锁还这样沉重。

尚不止此。稿子每经人看过一次,表现不满,我就把稿子再删一下,这样像砍树一样,谁知道我砍掉的是枝叶还是树干!

这样就发生了一点误会。学报的一位女编辑把稿子拿回去研究了一下,又拿回来了。领导上说,最好把纪侯文章中,提到的那位女的,少写几笔。她在传达这个意见的时候,嘴角上不期而然地带出了嘲笑。

她的意思是说:这是纪念死者的文章,是严肃的事。虽然你好写女人,已成公论,也得看看场合呀!

她没有这样明说,自然是怕我脸红。但我没有脸红,我惨然一笑。把她送走以后,我把那一段文字删除净尽,寄给《上海文艺》发表了。

在结集近作散文的时候,我把删去的文字恢复了一些。但这一段没有补进去。现在把有关全文抄录,另成一章。

在我养病期间,侯关照机关里的一位女同志,到车站接我,并送我到休养所。她看天气凉,还多带了一条干净的棉被。下车后,她抱着被子走了很远的路。休息下来,我只是用书包里的两个小苹果慰劳了她。在那几年里,我这样麻烦她,大概有好几次,对她非常感激。我对她说,我恳切地希望她能到天津玩玩,我要很好地招待她。她一直也没有来。

她爽朗而热情。她那沉稳的走路姿势,她在沉思中,偶尔把头一扬,浓密整齐的黑发向旁边一摆,秀丽的面孔,突然显得严肃的神情,给人留下特殊深刻的印象。

是一九六六年秋季吧。形势一天比一天紧张,我同中层以上干部,已经被集中到一处大院里去了。

这是一处很有名的大院，旧名张园，为清末张之洞部下张彪所建。宣统就是从这里逃去东北，就位"满洲国""皇帝"的。孙中山先生从南方到北方来和北洋军阀谈判，也在这里住过。大楼堂皇富丽，有一间房子，全用团龙黄缎裱过，是皇帝的卧室。

一天下午，管带我们的那个小个子，通知我有"外调"。这是我第一次接待外调。我向传达室走去，很远就望见，有一位女同志靠在大门旁的墙壁上，也在观望着我。我很快就认出是北京那位女同志。

我在她眼里变成了什么样子，我没有去想。她很消瘦，风尘仆仆，看见我走近，就转身往传达室走，那脚步已经很不像我们在公园的甬路上漫步时的样子了。同她来的还有一位男同志。

传达室里间，放着很多车子，有一张破桌，我们对面坐下来。

她低着头，打开笔记本，用一只手托着脸，好像还怕我认出来。

他们调查的是侯。问我在和侯谈话的时候，侯说过哪些反党的话。我说，他没有说过反党的话，他为什么要反党呢？

不知是为什么情绪所激动，我回答问题的时候，竟然慷慨激昂起来。在以后，我才体会到：如果不是她对我客气，人家会立刻叫我站起来，甚至会进行武斗。几个月以后，我在郊区干校，就遇到两个穿军服的非军人，调查田的材料，因为我抄着手站着，不回答他们提出的问题，就把我的手抓破了，不得不到医务室进行包扎。

现在，她只是默默地听着，然后把本子一合，望望那个男的，轻声对我说：

"那么，你回去吧。"

当天下午，在楼房走道上，又遇到她一次，她大概是到专案组去，谁也没有说话。

在天津，我和她就这样见了一面，不能尽地主之谊。这可以说是近年来一件大憾事。她同别人一起来，能这样宽恕地对待我，是使我难忘的,她大概还记得我的不健康吧。

在我处境非常困难的时候,每天那种非人的待遇,我常常想用死来逃避它。一天,我又接待一位外调的,是歌舞团的女演员。她只有十七八岁,不只面貌秀丽,而且声音动听。在一间小屋子里,就只我们两人,她对我很是和气。她调查的是方。我和她谈了很久,在她要走的时候,我竟恋恋不舍,禁不住问:

"你下午还来吗?"

回答虽然使我失望,但我想,像这位女演员,她以后在艺术上,一定能有很高的造诣。因为在这种非常时期,她竟然能够保持正常表情的面孔和一颗正常跳动的心,就证明她是一个非常不平凡的人物。

我也很怀念她。

或有人问:方彼数年间,林彪、"四人帮"倒行逆施,使夫妇生离,亲子死别者,以千万计。其所遭荼毒,与德高望重成正比例。你不从大处落笔,却喋喋于男女邂逅,朋友私情之间,所见不太渺小了吗?是的,林彪、"四人帮"伤天害理,事实今天自然已经大明。但在那些年月,我失去自由,处于荆天棘地之中,转身防有鬼伺,投足常遇蛇伤。昼夜苦思冥想:这是为了什么?为什么要这样做呢?这合乎马克思、恩格斯的阶级斗争学说吗?这是通向共产主义的正确途径吗?惶惑迷惘不得其解,深深有感于人与人关系的恶劣变化。所以,即使遇到一个歌舞演员的宽厚,也就像在沙漠跋涉中,遇到一处清泉,在噩梦缠绕时,听到一声鸡唱。感激之情,就非同一般了。

一九七八年除夕

同口旧事
——《琴和箫》代序

一

  我是一九三六年暑假后,到同口小学教书的。去以前,我在老家失业闲住。有一天,县邮政局,送来一封挂号信,是中学同学黄振宗和侯士珍写的。信中说:已经给我找到一个教书的位子,开学在即,希望刻日赴保定。并说上次来信,寄我父亲店铺,因地址不确被退回,现从同学录查到我的籍贯。我于见信之次日,先到安国,告知父亲,又次日雇骡车赴保定,住在南关一小店内。当晚见到黄侯二同学。黄即拉我到娱乐场所一游,要我请客。

  在保定住了两日,即同侯和他的妻子,还有新聘请的两位女教员,雇了一辆大车到同口。侯的职务是这个小学的教务主任,他的妻子和那两位女性,在同村女子小学教书。

二

  黄振宗是我初中时同班,保定旧家子弟,长得白皙漂亮,人亦聪明。在学校时,常演话剧饰女角,文章写得也不错,有时在校刊发表。并能演说，有一次，张继到我校讲演，讲毕，黄即上台，大加驳斥，声色俱厉。他那时，好像已经参加共产党。有一天晚上，他约我到操场散步，谈了很久，意思是要我也参加。我那时觉悟不高，一心要读书，又记着父亲嘱咐的话：不要参加任何党派。所以没有答应，他也没有表示什么不满。又对我说，读书要读名著，不要只读杂志报纸，书本上的知识是完整的、系统的，而报章杂志上的文章，是零碎的、纷杂的。他的这一劝告，我一直记在心中，受到益处。当时我正埋头在报纸文学副刊和社会科学的杂志里。有一种叫《读书杂志》，每期都很厚，占去不少时间。

他毕业后，考入北平中国大学，住在西安门外一家公寓里面，我在东城象鼻子中坑小学当事务员，时常见面。他那时好喝酒，讲名士风流，有时喝醉了，居然躺在大街上，我们只好把他拉起来。大学没有毕业，他回到保定培德中学教国文，风流如故，除经常去妓院，还交接着天华商场说大鼓书的一位女艺人。

一九三九年，我在晋察冀通讯社工作。冬季，李公朴到边区参观，黄是他的秘书，骑着瞎了一只眼的日本大洋马，走在李公朴的前面。在通讯社我和他见了面。那时不知李公朴来意，机关颇有戒心，他也没有和我多谈。我见他口袋里插的钢笔不错，很想要了他的，以为他回到大后方，钢笔有的是。他却不肯给。下午，我到他的驻地看望他，他却自动把钢笔给了我。以后就没有见过面。

解放以后，我只是在一个京剧的演出广告上，见到他的笔名，好像是编剧。不知为什么，我现在总感觉他已经不在人世了。他体质不好，又很放纵。交游也杂乱。至于他当初不肯给我钢笔，那不能算吝啬，正如太平年月，千金之予，肥马轻裘之赠，不能算作慷慨一样。那时物质条件困难，为一支蘸水钢笔尖，或一个不漏水的空墨水瓶，也发生过争吵、争夺。

三

侯士珍，定县人，育德中学师范专修班毕业。在校时，任平民学校校长，与一女生恋爱结婚。毕业后，由育德中学校方介绍到保定第二女子师范当职员。后又到南方从军，不久回保定，失业，募捐办一小报。记得一年暑假，我们同住在育德中学的小招待楼里，他时常给我们唱《国际歌》和《少年先锋歌》。

到同口小学后，他兼音乐课和体操课。他在校外租了一间房，闲时就和同事们打小牌。他精于牌术，赢一些钱，补助家用。我是一次也没有参加过的。我住在校内，有一天中午，我从课堂上下来，在我的宿舍里，他正和一位常到学校卖书的小贩谈话。小贩态度庄严，侯肃然站立在他的面前聆听着。抗日以后，这位书贩，当了区党委的组织部长。使我想起，当时在我的屋子里，他大概是在向侯传达党的任务吧。侯在同口有了一个女孩，要我给起个名儿，我查了查字典，取了"茜茜"二字。

侯为人聪明外露，善于交际，读书不求甚解，好弄一些小权术，颇得校长信任。一天夜里，有人在院中贴了一张大传单，说侯是共产党。侯说是姓陈的训育主任陷害他，要求校长召集会议，声称有姓陈的就没有姓侯的。我忘记校长是怎样处置这个事件的，好像是谁也没有离开吧。不知为什么，我当时颇有些不相信是那位姓陈的干的，倒觉得是侯的一种先发制人的权谋。不久，学校也就放暑假，卢沟桥事变也发生了。

暑假以后，因为天下大乱，家乡又发了大水，我就没有到学校去。侯在同口、冯村一带，同孟庆山，组织抗日游击队，成立河北游击军，侯当了政治部主任。听说他扣押了同口二班的一个地主，随军带着，勒索军饷。

冬季，由我县抗日政府转来侯的一封信，叫我去肃宁看看。家里不放心，叫堂弟同我去。我在安平县城，见到县政指导员李子寿，他说司令部电话，让我随新收编的杨团长的队伍去。杨系土匪出身，队伍更不堪言，长袍、袖手、无枪者甚众。团长给了我一匹马。一路上队伍散漫无章，至晚才到了肃宁，其实只有七十里路。司令部有令：杨团暂住城外。我只好只身进城，被城门岗兵用刺刀格住。经联系，先见到政治部宣传科刘科长。很晚才见到侯。那时的肃宁城内大街，灯火明亮，人来人往，抗日队伍歌声雄壮，饭铺酒馆，家家客满，锅勺相击，人声喧腾。

侯同他的爱人带着茜茜，住在一家地主很深的宅子里，他把盒子枪上好子弹，放在身边。

第二天，他对我说："这里太乱，你不习惯。"正好有人民自卫军司令部的一辆卡车，要回安国，他托吕正操的阎参谋长，把我带去。上车时风很大，他又去取了一件旧羊皮军大衣，叫我路上御寒。到了安国，我见到阎素、陈乔、李之琏等过去的同学同事，他们都在吕的政治部工作。

一九三八年春天，人民自卫军司令部，驻扎安平一带，我参加了抗日工作。一天，侯同家属、警卫，骑着肥壮高大的马匹来到安平，说是要调到山里学习，我尽地主之谊，请他们到家里吃了一顿饭。侯没有谈什么，他的妻子精神有些不佳。

一九三九年，我调到山里，不久就听说，侯因政治问题已经不在人间。详细情形，谁也说不清楚。

今年，有另一位中学同学的女儿从保定来，是为她的父亲谋求平反的。说侯的妻子女儿，也都不在了。他的内弟刘韵波，是在晋东南抗日战场上牺牲的。这人我曾在保定见过，在同口，侯还为他举行过音乐会，美术方面也有才能。

当时代变革之期，青年人走在前面，充当搏击风云的前锋。时代赖青年推动而前,青年亦乘时代风云冲天高举。从事政治、军事活动者,最得风气之先。但是,我们的国家,封建历史的黑暗影响,积压很重。患难相处时,大家一片天真,尚能共济,一旦有了名利权势之争,很多人就要暴露其缺点,有时就死非其命或死非其所了。热心于学术者,表现虽稍落后,但就保全身命来说,所处境地,危险还小些。当然遇到"文化大革命",虽是不问政治的书呆子,也就难以逃脱其不幸了。

四

一九四七年,我又到白洋淀一行。我虽然在《冀中导报》吃饭,并不是这家报纸的正式记者。到了安新县,就没有按照采访惯例,到县委宣传部报到,而是住在端村冀中隆昌商店。商店的经理是刘纪,原是新世纪剧社的指导员,为人忠诚热情,是个典型的农村知识分子。在他那里,我写了几篇关于席民生活的文章,因为是商店,吃得也比较好。

刘纪在"三反""五反"运动中,受到批评,也受到一些委屈,精神有很长时间失常。现在完全好了,家在天津,还是不忘旧交,常来看我。他好写诗,有新有旧,订成许多大本子,也常登台朗诵。

他的记忆力,自从那次运动以来,显然是很不好,常常丢失东西。"文化大革命"后期,我在佟楼滴所,他从王林处来看我,坐了一会儿走了,随即有于雁军追来,说是刘纪错骑了她的车子。我说他已经走了老半天,你快去追吧。于雁军刚走,刘纪的儿子又来了,说他爸爸的眼镜丢了,是不是在我这里。我说:"你爸爸在我这里,他携带什么东西,走时我都提醒他,眼镜确实没丢在这里,你到王林那里去找吧!"他儿子说:"你提醒他也不解决问题,他前些日子去北京,住在刘光人叔叔那里,都知道他丢三落四,临走叔叔阿姨都替他打点什物，送他出门，在路上还不断问他落下东西没有，他说，这次可带全了，什么也没落下。到了车站，才发现他忘了带车票！"

我一直感念刘纪，对我那段生活和工作热情的帮助和鼓励。那次在佟楼见面，我送了他三部书：一、石印《授时通考》，二、石印《南巡大典》，三、影印《云笈七签》。其实都不是什么贵重之物。那时发还了抄家物品，我正为书多房子小发愁，也担心火警。每逢去了抽烟的朋友，我总是手托着烟盘，侍立在旁边，以免火星飞到破烂的旧书上。送给他一些书，是减去一些负担，也减去一些担惊受怕。但他并不嫌弃这些东西，表示很高兴要。在那时，我的命运尚未最后定论，书也还被认为是"四旧"之一，我上赶送别人几本，有时也会遭到拒绝。所以我觉得刘确是个忠厚的人。

这就使我联想到另一个忠厚的人，刘纪的高小老师，名叫刘通庸。抗日时我认识了他，教了一辈子书，读了一辈子进步的书，教出了许多革命有为的学生，本身朴实得像个农民，对人非常热情、坦率。

我在蠡县的时候，常常路过他的家，他那时已经患了神经方面的病症，我每次去看他，他总不在家，不是砍草拾粪，就是放羊去了。他的书很多，堆放在东间炕头上，我每次去了，总要上炕去翻看一阵子，合适的就带走。他的老伴，在西间纺线，知道是我，从来也不闻不问，只管干她的活。

既然到了安新，我就想到同口去看看，说实在话，我想去那里，并不是基于什么怀旧之情。到了那里，也没有找过去的同事熟人，我知道很多人到外面工作去了。我投宿在老朋友陈乔的家里，这也是抗日战争期间养成的习惯，住在有些关系的户，在生活上可以得到一些特殊照顾。抗日期间，是统一战线政策，找房子住，也不注意阶级成分，住在地主、富农家里，房间、被褥、饮食，也方便些。

但这一次却因为我在《一别十年同口镇》这篇文章的结尾，说了几句朋友交情的话，其实也是那时党的政策，连同《新安游记》等篇，在同年冬季土地会议上,受到了批判。这两篇文章,前者的结尾,后者的开头,后来结集出版时,都作过修改。此次淮舟从报纸复制编入,一字未动,算是复其旧观。也看不出有什么问题,这是因为时过境迁,人的观点就随着改变了。当时弄得那么严重,主要是因为我的家庭成分,赶上了时候,并非文字之过。同时,山东师范学院,也发现了《冀中导报》上的批判文章,也函请他们复制寄来,以存历史实际。

五

我是老冀中,认识人也不少,那里的同志们,大体对我还算是客气的。有时受批,那是因为我不知趣。土改以后,我在深县工作半年,初去时还背着一点黑锅,但那时同志间,毕竟是宽容的,在我离开那里的时候,县委组织部长穆涛,给我的鉴定是:知识分子与工农干部相结合的模范!这绝不是我造谣,穆涛还健在。

当然,我不能承担这么高的评语。但我在战争年代,和群众相处,也确实还合得来。在那种环境,如果像目前这样生活,我就会吃不上饭,穿不上鞋袜,也保全不住性命。这么说,也有些可以总结的经验吗?有的。对工农干部的团结接近,我的经验有两条:一、无所不谈;二、烟酒不分。在深县时,县长、公安局长、妇联主任都和我谈得来。对于群众,到了一处,我是先从接近老太太们开始,一旦使她们对我有了好感,全村的男女老少,也就对我有了好感。直到现在,还有人说我善于拍老太太们的马屁。此外,因为我一向不是官儿,不担任具体职务,群众就会对我无所要求,也无所顾忌。对他们来说,我就像山水花鸟画一样,无益也无害。这样说个家长里短的,就很方便。此外,为人处世,就没有什么好的经验可以总结了。对于领导我的人,我都是很尊重的,但又不愿多去接近;对于和文艺工作有些关系的人,虽不一定是领导,文化修养也不一定高,却有些实权，好摆点官架，并能承上启下，汇报情况的人，我却常常应付不得其当。

六

话已经扯得很远，还是回到同口来吧。听说，我教书的那所小学校，楼房拆去了上层，下层现在是公社的仓库。当年同事，有死亡的，也有健在的。在天津，近几年，发见两个当年的学生，一个是六年级的刘学海，现任水利局局长，前几天给我送来一条很大的鱼。一个是五年级的陈继乐，在军队任通讯处长，前些时给我送来一瓶香油。刘学海还说，我那时教国文，不根据课本，是讲一些革命的文艺作品。对于这些，我听起来很新鲜，但都忘记了。查《善闇室纪年》，关于同口，还有这样的记载："五四"纪念，作讲演。学生演出之话剧，系我所作，深夜突击，吃冷馒头、熬小鱼，甚香。淮舟在编我的作品目录时，忽然想编一本书，包括我写的关于白洋淀的全部作品。最初，我是一点兴趣也没有的，也不好打他的兴头。又要我写序，因此联想起很多旧事，写起来很吃力，有时也并不是很愉快的。因为对于这一带人民的贡献和牺牲来说，在文艺作品中的反映，是太薄弱了。

一九八一年六月十七日雨后写讫

石　子
——病期琐事

我幼小的时候，就喜欢石子。有时从耕过的田野里捡到一块椭圆形的小石子，以为是乌鸦从山里衔回跌落到地下的，因此美其名为"老鸹枕头儿"。

那一年在南京，到雨花台买了几块小石子，是赭红色的。

那一年到大连，又在海滨装了一袋白色的回来。

这两次都匆匆忙忙，对于选择石子，可以说是不得要领。

在青岛住了一年有余，因为不喜欢下棋打扑克，不会弹琴跳舞，不能读书作文，惟一的消遣和爱好就是捡石子。时间长了，收藏丰富，有一段时间，居然被病友们目为专家。就连我低头走路，竟也被认为是长期从事搜罗工作养成的习惯，这简直是近于开玩笑了。

然而，人在寂寞无聊之时，爱上或是迷上了什么，那种劲头，也是难以常情理喻的。不但天气晴朗的时候，好在海边溅泥踏水地徘徊寻找。有时刮风下雨，不到海边转转，也好像会有什么损失，就像逛惯了古书店古董铺的人，一天不去，总觉得会交臂失掉了什么宝物一样。钓鱼者的心情，也是如此的。

初到青岛，也只是捡些小巧圆滑杂色的小石子。这些小石子养在水里，五颜六色还有些看头，如果一干，则质地粗糙，颜色也消失，算不得什么稀罕之物了。

后来在第二浴场发现一种质地细腻、色泽如同美玉的小石子，就加意寻找。这种石子，好像有一定的矿层。在春夏季，海滩积沙厚，没有这种石子。只有在秋冬之季，海水下落，沙积减少，轻涛击岸，才会露出这种蕴藏来，但也很少遇到。当潮水落到一定的地方，沿着水边来回走，看到一点点亮晶晶的苗头，跑过去捡起来，大小不等，有时还残留着一些杂质，像玉之有瑕一样。这种石子一定是包藏在一种岩石之中，经过多年的潮激汐荡，乱石撞击，细沙研磨，才形成现在这种可爱的样式。

有时，如果不注意，如果不把眼光放远一点，它略一显露，潮水再一荡，就又会被细沙所掩盖。当潮水猛涨的时候，站在岸边，抢捡石子，这不只拼着衣服溅上很多海水，甚至还有被海水卷入的危险。

有时，不避风雨，不避寒暑，到距离很远的海滩，去寻找这种石子。但也要潮水和季节适当，才有收获。

我的声誉只是鹊起一时，不久就被一位新来的病友的成绩所掩盖。这位同志，采集石子，是不声不响，不约同伴，近于埋头创作地进行，而且走得远，探得深。很快，他的收藏，就以质地形色兼好著称。石子欣赏家都到他那里去了。我的门庭，顿时冷落下来。在评判时，还要我屈居第二，这当然是无可推辞的。我的兴趣还是很高，每天从海滩回来，口袋里总是沉甸甸的，房间里到处是分门别类的石子。

那时我居住在正阳关路一幢绿色的楼房里。为了安静，我选择了三楼那间孤零零的，虽然矮小一些，但光线很好的房子。在正面窗台上，我摆了一个鱼缸，放满了水，养着我最得意的石子。

在二楼住着一位二十年前我教书时的女学生。她很关心我的养病生活，看见我的房子里堆着很多石子，就劝我养海葵花。她很喜欢这种东西，在她的房间里，饲养着两缸。

一天下午，她借了铁钩水桶，带我到海边退潮后的岩石上，去掏取这种动物。她的手还被附着在石面上的小蛤蜊擦破了。回来,她替我倒出了石子,换上海水,养上海葵花。

"你喜爱这种东西吗?"她坐下来得意地问。

"唔。"

"你的生活太单调了,这对养病是很不好的。我对你讲课印象很深,我总是坐在第一排。你不记得了吧?那时我十七岁。"

晚上,我一个人坐在灯光下,面对着我的学生为我新陈设的景物。我实在不喜欢这种东西,从捉到养,整个过程,都不能使我发生兴味。它的生活史和生活方式,在我的头脑里,体现了过去和现在的强盗和女妖的全部伎俩和全部形象。我写了一首《海葵赋》。

青岛,这是世界上少有的风光绮丽的地方。在过去很长一段时间,祖国美丽富饶的地区,有很多都曾经处在帝国主义的铁蹄蹂躏之下。每逢我站在太平角高大的岩石上,四下眺望,脚下澎湃飞溅的海潮,就会自然地使我联想起这里的悲惨的历史。我的心里总有一种沉痛之感,一种激愤之情。

终于,我把海葵花送给了女弟子,在缸里又养上了石子。这样做的结果,是大大辜负女学生的一番盛情,一番好意了。

离开青岛的时候,我把一些自认为名贵的石子带回家里,尘封日久,不但失去了原有的光彩,就是拿在手里,也不像过去那样滑腻,这是因为上面泛出一种盐质,用水都不容易洗去了。时过境迁,色衰爱弛,我对它们也失去了兴趣,任凭孩子们抛来掷去,想不到当时全心全力寤寐以求的东西,现在却落到了这般光景。

但它们究竟是和我度过了那一段难言的日子,给过我不少的安慰,帮助我把病养得好了一些。古人把药石针砭并称,这说明石子确是养病期中难得的纯朴有益的伴侣。

一九六二年四月

黄　　鹂

——病期琐事

这种鸟儿,在我的家乡好像很少见。童年时,我很迷恋过一阵捕捉鸟儿的勾当。但是,无论春末夏初在麦苗地或油菜地里追逐红靛儿,或是天高气爽的秋季,奔跑在柳树下面网罗虎不拉儿的时候,都好像没有见过这种鸟儿。它既不在我那小小的村庄后边高大的白杨树上同鷽鸡儿一同鸣叫,也不在村南边那片神秘的大苇塘里和苇咋儿一块筑窠。

初次见到它,是在阜平县的山村。那是抗日战争期间,在不断的炮火洗礼中,有时清晨起来,在茅屋后面或是山脚下的丛林里,我听到了黄鹂的尖利的富有召唤性和启发性的啼叫。可是,它们飞起来,迅若流星,在密密的树枝树叶里忽隐忽现,常常是在我仰视的眼前一闪而过,金黄的羽毛上映照着阳光,美丽极了,想多看一眼都很困难。

因为职业的关系,对于美的事物的追求,真是有些奇怪,有时简直近于一种狂热。在战争不暇的日子里,这种观察飞禽走兽的闲情逸致,不知对我的身心情感,起着什么性质的影响。

前几年,终于病了。为了疗养,来到了多年向往的青岛。春天,我移居到离海边很近,只隔着一片杨树林洼地的一幢小楼房里。有很长的一段时间，我一个人住在这里，清晨黄昏，我常常到那杨树林里散步。有一天，我发现有两只黄鹂飞来了。

这一次，它们好像喜爱这里的林木深密幽静，也好像是要在这里产卵孵雏，并不匆匆离开，大有在这里安家落户的意思。

每天，天一发亮，我听到它们的叫声，就轻轻打开窗帘，从楼上可以看见它们互相追逐，互相逗闹，有时候看得淋漓尽致，对我来说，这真是饱享眼福了。

观赏黄鹂，竟成了我的一种日课。一听到它们叫唤，心里就很高兴，视线也就转到杨树上，我很担心它们一旦要离此他去。这里是很安静的，甚至有些近于荒凉，它们也许会安心居住下去的。我在树林里徘徊着，仰望着，有时坐在小石凳上谛听着，但总找不到它们的窠巢所在，它们是怎样安排自己的住室和产房的呢？

一天清晨，我又到树林里散步，和我患同一种病症的史同志手里拿着一支猎枪，正在瞄准树上。

"打什么鸟儿？"我赶紧过去问。

"打黄鹂！"老史兴致勃勃地说，"你看看我的枪法。"

这时候，我不想欣赏他的枪技，我但愿他的枪法不准。他瞄了一会儿，黄鹂发觉飞走了。乘此机会，我以老病友的资格，请他不要射击黄鹂，因为我很喜欢这种鸟儿。

我很感激老史同志对友谊的尊重。他立刻答应了我的要求，没有丝毫不平之气。并且说：

"养病么，喜欢什么就多看看，多听听。"

这是真诚的同病相怜。他玩猎枪，也是为了养病，能在兴头儿上照顾旁人，这种品质不是很难得吗？

有一次，在东海岸的长堤上，一位穿皮大衣戴皮帽的中年人，只是为了讨取身边女朋友的一笑，就开枪射死了一只回翔在天空的海鸥。一群海鸥受惊远飏，被射死的海鸥落在海面上，被怒涛拍击漂卷。胜利品无法取到,那位女人请在海面上操作的海带培养工人帮助打捞,工人们愤怒地掉头划船而去。这给我留下了深刻的印象。回到房子里,无可奈何地写了几句诗,也终于没有完成,因为契诃夫在好几种作品里写到了这种人。我的笔墨又怎能更多地为他们的业绩生色?在他们的房间里,只挂着契诃夫为他们写的褒词就够了。

惋惜的是,我的朋友的高尚情谊,不能得到这两只惊弓之鸟的理解,它们竟一去不返。从此,清晨起来,白杨萧萧,再也听不到那种清脆的叫声。夏天来了,我忙着到浴场去游泳,渐渐把它们忘掉了。

有一天我去逛鸟市。那地方卖鸟儿的很少了,现在生产第一,游闲事物,相应减少,是很自然的。在一处转角地方,有一个卖鸟笼的老头儿,坐在一条板凳上,手里玩弄着一只黄鹂。黄鹂系在一根木棍上,一会儿悬空吊着,一会儿被拉上来。我站住了,我望着黄鹂,忽然觉得它的焦黄的羽毛,它的嘴眼和爪子,都带有一种凄惨的神气。

"你要吗?多好玩儿!"老头儿望望我问了。

"我不要。"我转身走开了。

我想,这种鸟儿是不能饲养的,它不久会被折磨得死去。这种鸟儿,即使在动物园里,也不能从容地生活下去吧,它需要的天地太宽阔了。

从此,有很长一段时间,我不再想起黄鹂。第二年春季,我到了太湖,在江南,我才理解了"杂花生树,群莺乱飞"这两句文章的好处。

是的,这里的湖光山色,密柳长堤;这里的茂林修竹,桑田苇泊;这里的乍雨乍晴的天气,使我看到了黄鹂的全部美丽,这是一种极致。

是的,它们的啼叫,是要伴着春雨、宿露,它们的飞翔,是要伴着朝霞和彩虹的。这里才是它们真正的家乡,安居乐业的所在。

各种事物都有它的极致。虎啸深山,鱼游潭底,驼走大漠,雁排长空,这就是它们的极致。

在一定的环境里,才能发挥这种极致。这就是形色神态和环境的自然结合和相互发挥,这就是景物一体。典型环境中的典型性格,也可以从这个角度来理解吧。这正是在艺术上不容易遇到的一种境界。

一九六二年四月

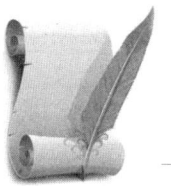

文字背后的孙犁

关于《山地回忆》的回忆

一九四九年十二月，我写了一篇短篇小说《山地回忆》，发表在上海的《小说》杂志上。最近，有的地方编辑丛刊，收进了它。在校正文字时，我想起一些过去的事。

自己的生平，本来没有什么值得郑重回忆的事迹。但在"四人帮"当路的那些年月，常常苦于一种梦境：或与敌人遭遇，或与恶人相值。或在山路上奔跑，或在地道中委蛇。或沾溷厕，或陷泥泞。有时漂于无边苦海，有时坠于万丈深渊。呼叫，醒来，长舒一口气想道：我走过的路上，竟有这么多的险恶，直到晚年，还残存在印象意识之中吗？

是，有的。近的且不去谈它。一九四四年春季，经历了敌人三个月的残酷"扫荡"，我刚刚从繁峙的高山上下来，就和华北联大高中班六七位同事，几十个同学，结队出发，到革命圣地延安去。这是一支很小的队伍，由总支书记吕梁同志带队。吕梁同志，从到延安分手后，我就一直没见到过他。他是一位善于做政治工作，非常负责，细心周到，沉默寡言的值得怀念的同志。

我们从阜平出发，不久进入山西境内。大概是到了忻县一带吧，接近敌人据点。一天中午，我们到了一个村庄，在村里看不到什么老百姓。我们进入一家宅院，把背包放在屋里，就按照命令赶快做饭。饭是很简单的，东锅焖小米饭，西锅煮菜汤。人们把饭吃完，然后围在西锅那里，洗自己的饭碗。

我有个难改的毛病，什么事都不愿往上挤，总是靠后站。等人们利用洗锅的那点水，把碗洗好，都到院里休息去了，我才上去洗。锅里的水已经很少，也很脏了，我弯着腰低着头，忽然"嗡"的一声，锅飞了起来，屋里烟尘弥漫，院子里的人都惊了。

我还不知道是怎么回事。拿着小洋瓷碗，木然地走到院里，同学们都围了上来。据事后他们告诉我，当时我的形象可怕极了。一脸血污，额上翻着两寸来长的一片肉。

当我自己用手一抹，那些可怕的东西，竟是污水和一片菜叶的时候，我不得不到村外的小河里去把脸洗一下。

在洗脸的时候，我和一个在下游洗菜的妇女争吵了起来。我刚刚受了惊，并断定这是村里有坏人，预先在灶下埋藏了一枚手榴弹，也可以说是一枚土制的定时炸弹。如果不是山西的锅铸得坚固，灶口垒得严实，则我一定早已魂飞天外了。

我非常气愤，和她吵了几句，悻悻然回到队上，马上就出发了。

村南是一条大河。我对这条河的印象很深，但忘记问它的名字。是一条东西方向的河，有二十米宽，水平得像镜子一般，晴空的太阳照在它的身上，简直看不见有什么涟漪。队长催促，我们急迫地渡过河流。水齐着我的胸部，平静、滑腻，有些暖意，我有生以来，第一次体会到水的温柔和魅力。

远处不断传来枪声。过河以后，我们来不及整理鞋袜，就要爬上一座非常陡峭的，据说有四十里的高山。一个姓梅的女同学，还在河边洗涮鞋里的沙子，我招呼了她，并把口袋里的冷玉米面窝窝头，分给她一些，作为赶爬这样高山的物质准备。天黑，我们爬到了山顶，风大、寒冷，不能停留，又遇到暴雨。第二天天亮，我们才算下了山，进入村庄休息。

睡醒以后，同事们才有了精力拿我昨天遇到的惊险场面，作为笑料，并庆幸我的命大。

我现在想：如果，在那种情况下，把我炸死，当然说不上是冲锋陷阵的壮烈牺牲，只能说是在战争环境中的不幸死亡。在那些年月，这种死亡，甚至可以说是一种接近寿终正寝的正常死亡。同事们会把我埋葬在路旁、山脚、河边，也无须插上什么标志。确实，有不少走在我身边的同志，是那样倒下去了。有时是因为战争，有时仅仅是因为疾病、饥寒，药物和衣食的缺乏。每个战士都负有神圣的职责，生者和死者，都不把这种死亡作为不幸，留下遗憾。

现在，我主要回忆的不是这些，是关于那篇小说《山地回忆》。小说里那个女孩子，绝不是这次遇到的这个妇女。这个妇女很刁泼，并不可爱。我也不想去写她。我想写的，只是那些我认为可爱的人，而这种人，在现实生活中间，占大多数。她们在我的记忆里是数不清的。洗脸洗菜的纠纷，不过是引起这段美好的回忆的楔子而已。

"四人帮"派的文艺观是：不许人们写真人真事，而又好在一部作品中间，去作无中生有的索引，去影射。这是一种对生活、对文艺都非常有害的做法。

在一篇作品，他们认为是"红"的时候，他们把主角和真人真事联系起来，甚至和作者联系起来。以为作者是英雄，所以他才能写出英雄；作者是美女，所以她才能写出美女。并把故事和当时当地联系起来，拿到一定的地点去对证，荣耀乡里。在一部作品，他们忽然又要批判的时候，就把主角的反动性，和真人真事联系起来，甚至和作者联系起来，拿到他的工作地点或家乡去批判，株连亲友，辱及先人。

有人说这叫"庸俗社会学"。社会学不社会学我不知道，庸俗是够庸俗的了。

我虽然主张写人物最好有一个模特儿，但等到人物写出来，他就绝不是一个人的孤单摄影。《山地回忆》里的女孩子，是很多山地女孩子的化身。当然，我在写她们的时候，用的多是彩笔，热情地把她们推向阳光照射之下，春风吹拂之中。在那可贵的艰苦岁月里，我和人民建立起来的感情，确是如此。我的职责，就是如实而又高昂浓重地把这种感情渲染出来。

　　进城以后，我已经感到：这种人物，这种生活，这种情感，越来越会珍贵了。因此，在写作中间，我不可抑制地表现了对她，对这些人物的深刻的爱。

一九七八年九月二十九日上午

关于《荷花淀》的写作

《荷花淀》最初发表在延安《解放日报》的副刊上，是一九四五年春天，那时我在延安鲁迅艺术文学院学习和工作。

这篇小说引起延安读者的注意，我想是因为同志们长年在西北高原工作，习惯于那里的大风沙的气候，忽然见到关于白洋淀水乡的描写，刮来的是带有荷花香味的风，于是情不自禁地感到新鲜吧。当然，这不是最主要的，是献身于抗日的战士们，看到我们的抗日根据地不断扩大，群众的抗日决心日益坚决，而妇女们的抗日情绪也如此令人鼓舞，因此就对这篇小说发生了喜爱的心。

白洋淀地区属于冀中抗日根据地。冀中平原的抗战，以其所处的形势，所起的作用，所经受的考验，早已为全国人民所瞩目。

但是，这里的人民的觉醒，也是有一个过程的。这一带地方，自从九一八事变以来，就屡屡感到日本帝国主义的威胁。卢沟桥事变不久，敌人的铁蹄就踏进了这个地区。这是敌人强加给中国人民的一场大灾难。而在这个紧急的时刻，国民党放弃了这一带国土，仓皇南逃。

农民的爱国心和民族自尊心是非常强烈的。他们面对的现实是：强敌压境，自己的生命，自己的家园，自己的妻子儿女，都没有了保障。

他们要求保家卫国，他们要求武装抗日。

共产党和八路军及时领导了这一带广大农民的抗日运动。这是风起云涌的民族革命战争，每一个人都在这场斗争中献出了自己的全部力量。

在抗日的旗帜下，男女老少都动员起来了，面对的是最残暴的敌人。不抵抗政策，早已被人们唾弃。他们知道：凡是敌人，如果你对他抱有幻想，不去抵抗，其后果，都是要不堪设想，无法补偿的。

这是全民战争。那时的动员口号是：有人出人，有枪出枪，有钱出钱，有力出力。

农民的乡土观念是很重的。热土难离，更何况抛妻别子。但是青年农民，在各个村庄，都成群结队地走上抗日前线。那时，我们的武装组织有区小队、县大队、地区支队、纵队。党照顾农民的家乡观念，逐步逐级地引导他们成为野战军。

农民抗日，完全出于自愿。他们热爱自己的家、自己的父母妻子。他们当兵打仗，正是为了保卫他们。暂时的分别，正是为了将来的团聚。父母妻子也是这样想。

当时，一个老太太喂着一只心爱的母鸡，她就会想到：如果儿子不去打仗，不只她自己活不成，她手里的这只母鸡也活不成。一个小男孩放牧着一只小山羊，他也会想到：如果父亲不去打仗，不只他自己不能活，他牵着的这只小山羊也不能活。

至于那些青年妇女，我已经屡次声言，她们在抗日战争年代，所表现的识大体、乐观主义以及献身精神，使我衷心敬佩到五体投地的程度。

《荷花淀》所写的，就是这一时代，我的家乡，家家户户的平常故事。它不是传奇故事，我是按照生活的顺序写下来的，事先并没有什么情节安排。

白洋淀属于冀中区，但距离我的故乡，还有很远的路。

一九三六年到一九三七年，我在白洋淀附近，教了一年小学。清晨黄昏，我有机会熟悉这一带的风土和人民的劳动、生活。

抗日战争时期，我主要是在平汉路西的山里工作。从冀中平原来的同志，曾向我讲了两个战斗故事：一个是关于地道的，一个是关于水淀的。前者，我写成一篇《第一个洞》，后者就是《荷花淀》。

我在延安的窑洞里一盏油灯下，用自制的墨水和草纸写成这篇小说。我离开家乡、父母、妻子，已经八年了。我很想念他们，也很想念冀中。打败日本帝国主义的信心是坚定的，但还难预料哪年哪月，才能重返故乡。

可以自信，我在写作这篇作品时的思想、感情，和我所处的时代，或人民对作者的要求，不会有任何不符拍节之处，完全是一致的。

我写出了自己的感情，就是写出了所有离家抗日战士的感情，所有送走自己儿子、丈夫的人们的感情。我表现的感情是发自内心的，每个和我生活经历相同的人，就会受到感动。

文学必须取信于当时，方能传信于后世。如在当代被公认为是诳言，它的寿命是不能长久的。时间检验了这篇五千字上下的小作品，使它得以流传到现在。过去的一些争论，一些责难，现在好像也不存在了。

冀中区的人民，在八年抗日战争中做出重大贡献，忍受重大灾难，蒙受重大损失。他们的事迹，必然要在文学上得到辉煌的反映，流传后世。《荷花淀》所反映的，只是生活的一鳞半爪。关于白洋淀的创作，正在方兴未艾，后来者应该居上。

一九七八年十一月五日草成

《青春遗响》序

这里的青春,指的是我的青春;其遗响,自然也是我的遗响。

每一个时代,它的知识分子群,总是有它的特定的温床和苗圃,以及它成长以后,供它驰骋的天地。"五四"时代,知识分子的温床,是没落的腐败透顶的清王朝,以及乘虚而入的各帝国主义者。在这种温床上,知识分子先天接受的是反封建统治和反帝国主义侵略的使命。这个使命,包括对人民群众的启蒙运动,即开阔他们的思想,扩大他们的知识,提高他们的文化。"五四"时代的知识分子,奋勇地、出色地完成了他们那一代的使命。但使命并没有终结,它延续到了下一代,即我们这一代。

抗日战争,实际是这一使命的继续。全国的进步知识分子,如醉如狂地参加了斗争的行列。他们无愧于时代,也出色地完成了它赋予的使命。

我,并非先知先觉。是在民族大义的感召之下,以病弱之躯,参加在这一伟大行列之中。我们做的工作,除去抗击侵略者,就其基本性质而言,仍不外是反封建的启蒙运动。

近几年来,常常有热心的青年同志,从抗日战争或解放战争时期的报刊上,给我抄录一些旧作寄来。这本集子的首次两篇,是北京师范大学一分校中文系傅桂禄抄录的。第三、第四两篇，是北京部队刘绳抄录的。其余各篇，是对我的旧作一贯热心收集的冉淮舟抄录的。《鲁迅·鲁迅的故事后记》一篇，是过去存下的。这本小册子，是一九四一年在晋察冀边区印刷的，字迹漫漶已甚，我几次想整理修改，都知难而退，因之不能再版。现存录此篇，是为的说明当时所做的这件事，也是启蒙之一种。

和《冬天，战斗的外围》同时抄来的，还有一篇题为《活跃在火线上的民兵》的通讯。这两篇通讯，接连在《晋察冀日报》上发表，都署着我和曼晴同志的名字。经我辨认，前一篇是我写的，没有疑问。而后一篇，则像是曼晴所作。我当时的文字、文风，很不规则，措词也多欧化生硬；而曼晴同志的文笔文法，则整饬得多。当时我们两人，共同活动，又羡慕"集体创作"这个名儿，所以这样发表的。现在编辑成集，不能滥入他人之作，我把后一篇寄曼晴同志保存了。为了纪念我们过去的战斗友谊，还是要在这里提一下。

关于晋察冀边区乡村文艺的两篇，是调查报告。当时好像是组织了一个调查团，有边区几个大的文艺团体负责人参加，我是跟随沙可夫同志去的。我随见随记，"抢先"把它发表了，当时还引起一些人的非议。但此行以后，并无正式的调查报告。现在保存下来这点材料，对了解战争时期边区的文艺活动，还是有些用处的。

关于《平原杂志》上的文章，因为我过去提到过，这里就不多说了。

启蒙工作，在中国历史上，可以说是代代有先驱，有众多的仁人志士，成绩都载于史册。这一工作，也是断断续续的，甚至可以说是不绝如缕的。因为真正的启蒙，只有依靠政治之力，单凭知识分子，是做不出多大的事业来的。而政治则是多变的，反复的。在历史上，新兴的政治势力，都重视群众的启蒙工作；一旦得到政权，则又常常变启蒙主义为蒙蔽主义，以致群众长期处于愚昧状态。"四人帮"之所为，可以说是历史上最突出的一次。

我当时所做的,当然是微不足道的,甚至是不值一提的。如果不是有人把这些文字抄来,我也把它们忘记了,别人也不会想起它。因为重读了一遍,才引起一些感想。

　　那时从事这些工作,生活和工作条件,是非常艰苦的。在战争时期,我一直在文化团体工作。众所周知,那时最苦的是文化团体。有的人,在经常活动的地区,找个富裕的农家,认个干娘,生活上就会有些接济。如果再有一个干妹妹,精神上还会有些寄托。我是一个在生活上没有办法的人,一直处在吃不饱穿不暖的状态中。一九四六年冬季,我在饶阳县一个农村编《平原杂志》。有一天,我的叔父有事找我去,见我一个人正蹲在炕沿下,烤秫秸火取暖,活像一个叫花子,就饱含着眼泪转身走了。

　　在战争的十几年里,我一直是步行。我很好单身步行。特别是在山地,一个人唱唱喝喝地走着,要走就走,要停就停,有山果便吃,有泉水便喝,有溪流便洗澡,是可以自得其乐的。列队行军,就没有那么自由自在了。那次调查乡村文艺,我和一位剧团团长同行,他是从平原来的,山地道路不熟,叫我引路。我们沿着沙滩,整整走了一天,天已经晚了,都有些疲乏,急于要找到宿营地。他骑在马上打瞌睡,我背着被包,聚精会神地走在马头前面看路,不巧,钻错了一个山沟,又退回来,他竟对我发起脾气。那里的山沟,像树的枝杈,东一道西一道,是很不好辨认的。田间同志,就是以常常钻错山沟出名的。我也遇到过通情达理的骑马人。有一个从延安下来的记者,我们在冀中一同工作时,他有一匹马。每次行军,他不只叫我把被包放在马上,还和我轮流乘骑。他知道同行人的清苦。

　　直到一九四七年,冀中文协成立,公家才给我从一个小贩那里,买了一辆自行车。虽然是一辆光屁股破车,我视如珍宝,爱护有加,骑了二三年,进城以后才上交。

皇天后土,我们那时不是为了追求衣食,也不是为了追求荣华富贵才工作的。

对这些文章,现在没有加任何修改。它使我回顾了一下我的青春。那是艰难困苦的青春,风雨跋涉的青春,但也是有所作为、激励奋发的青春。这些文章,就是它的遗响。

一九八二年十二月四日清晨

《尺泽集》后记

尺泽二字,引自古书,其义甚明,就不再作什么解释了。

尺泽虽小,希望它是清澈的,没有污染的。它是从我的心泉里流出来,希望能通向一些读者的心田里去。

希望在它的周围,能滋生一片浅草,几棵小树。能为经过这里的,善良的飞鸟和走兽,春燕或秋雁,山羊或野鹿,解一时之渴,供一席之荫。

希望它不要再遭到强暴的践踏,风沙的掩盖,烈日的蒸煮。蚊蚋也不要飞舞其上,孑孓其中。

在历史上,它是有过这种不幸的遭遇的。前些年,才又遇到一场春雨,使它复苏。因此,它特别珍惜自己的存在,珍惜自己的余生。

因为是水,是有源泉的水,是清澈的水,凡是经过这里,投影其中的,都可以显现自己的面目。妍者自妍,媸者自媸。它是没有选择的,一视同仁的。

它的存在,年深日远,它确实有些疲倦了。它不愿再与任何事物,作使自己也使别人无聊的纠缠。

总之,在它的容纳之中,都是小的、浅的、短的和近的。江海之士,浏览一下,就会失望而去的。

末附三十年代，我习作的两篇文艺论文，分别由两位青年朋友，从旧杂志报章抄录而来。三十年代之初，我读了不少社会科学的书籍，因之热爱上接近这一科学的文艺批评。并且直到现在，还不改旧习，时常写些这方面的，不登大雅之堂的文章，为权威者笑。读者看过这两篇短文，也就可以知道，尺泽源流之短浅，由来已久，不足为怪矣！

一九八二年七月四日下午大热，闻雷声

《远道集》后记

远道二字,引自一句古诗,取其字面冲淡,别无深意。

人到晚年,前途短促,而所思忆,常常是邈远玄虚的往事。自己走过的,是一条无止无休,山山水水,乍寒乍暖,风雨无常的路。这条路非常绵长,非常曲折,但印象又已经非常模糊,回忆起来,近似进入一种梦境。

目前,我所住的庭院,越来越乱杂,砖头瓦块越来越多,道路越来越不平,我很少到院里去散步了。

今年夏天,热得奇怪。每天晚上,我不开灯,一个人坐在窗前,喝一杯凉开水,摇一把大蒲扇,用一条破毛巾擦汗。

我住的是间老朽的房,窗门地板都很破败了,小动物昆虫很多。今年耗子又特别嚣张,所作声响,有似黄鼠狼,也可能真的是黄鼠狼。破纱窗上有几只壁虎,每天晚上,准时出现在固定的地方,捕捉蚊蝇,并常常有小壁虎,掉在我的床铺上。有各式各样的蟋蟀在四处鸣叫,我不必再去花一角钱买叫蝈蝈了。

过去,我在秋季的山村,听过蟋蟀的合奏。那真是满山遍野,它们的繁响,能把村庄抬起,能把宇宙充塞。

夜深了,月光从窗口射进来,也有些凉意了,我钻到蚊帐里去。

记忆里的那条路，还在眼前伸展，渺渺茫茫，直到我真的进入梦境，才忘记了它的始终。

> 我的记忆中断
> 窗外明月高悬
> 壁虎仍在捕捉
> 蟋蟀仍在唱歌

一天，出版社的一位编辑，来拿这部书稿，他说：

"今年这一本，比去年那一本，还要厚一些。又没有附录旧作，证明精力是不衰的。"

我说：

"不然哪，不然。我确实有一些不大好的感觉了。写作起来，提笔忘字，总是守着一本小字典。写到疲倦时，则两眼昏花，激动时则手摇心颤。今年的文字，过错也多。有的是因为感情用事，有的是因为考虑不周，得罪了不少人。还有，过去文章，都是看两遍，现在则必须看三遍，还是出现差错。原稿上删去的地方很多，证明烦絮话、废话增加了。明年是否还能有一本书，实在难以预期。"

那位编辑安慰我说：

"不会的，绝不会的。"

当然，以往走过的道路，不管有多么远，成败如何，那只是一个人的行程，并且已经是陈迹。未来的人生道路，那才是无止境的，充满希望的。

一九八三年九月五日上午

《陋巷集》后记

以上，是我一九八四年三月至一九八六年五月，所写文章的汇集。两年的时间，仅得这样一本小书，较之前些年，确实是步履蹒跚了。

其内容，仍与前几册相同。过去的事，居十之五；眼前的事，居十之五。关于未来和明天的，几乎没有。这证明，在我的身上，浪漫主义的色彩，越来越淡了。

当然，这并不是我对将来和明天，失去了信念和希望。相反，这种信念和希望，像我前几年写过的一首诗里提到的，将牢固地伴随我的终生。

我只是觉得，我老了，应该说些切实的话，有内容的话，通俗易懂的话。在选题时，要言之有物；在行文时，要直话直说，或者简短截说。

我看到当代作家的一些文字或言论。有些人总想把话说得与众不同；把话说得充满哲理，以便别人看出：这不是一般人能够说出的，只有天才的作家，才会说出这样的语言。

我不知道别的读者怎样，每逢我看到拐弯抹角、装模作样的语言时，总感到很不舒服。这像江湖卖药的广告。明明是狐臭药水，却起了个刁钻的名儿：贵妃腋下香露。不只出售者想入非非，而且将使购用者进入魔道。

　　古今中外，凡是真正的哲人，凡是伟大的文学家，他们的语言，都是质朴的，简短的。道理都是日常的，浅近的。

　　陋巷二字，虽不雅驯，却出自圣人经典，也就是那些质朴简短的文字之中。我七岁时，入乡村小学，学校门口虽然悬挂着两面虎头牌，却原是一家农舍，处在一条陋巷之底。

　　我在这里读书识字，受到教育。并从此有了念书人的经历，有了自己的一生。

　　及至老年，我相信，过去的事迹，由此而产生的回忆，自责或自负，欢乐与悲哀，是最真实的，最可靠的，最不自欺也不会欺人的。

　　仍然是陋巷里发出的弦歌。

孙　犁
一九八六年六月二十五日下午作

《无为集》后记

从二十岁起，开始与文字打交道，中间曾有几次停顿。"文化大革命"，可以说是停顿时间最长的一次，但也不是完全搁笔。运动初期，我以惜墨如金的笔意，每天对付二百字的检查，在措词取舍上，动了很多脑筋。运动后期，于一九七〇年起，我与远在江西乡下的一位女性通信，持续一年又半，共计十万余字。算是一次很有效的练笔机会。使我在"四人帮"垮台之后，重理旧业，得心应手，略无生涩。

此外，就是"解放"之后，以包裹旧书为消遣。先后写在书皮上的文字，也有五万。

呜呼，人既非英杰，又非奇才，别无扬眉吐气之路，写一点失败的情书，弄一点无聊的题跋，稍微舒散一下心气，也还是可以的。从业务上说，也算是曲不离口，弦不离手吧？

以后，出版了《晚华集》《秀露集》《澹定集》《尺泽集》《远道集》《老荒集》《陋巷集》。现在这一本，题名《无为集》。

这些，都是小书，每本十万字以上。其内容，包括几个大题目：耕堂散文，芸斋小说，芸斋琐谈，乡里旧闻，耕堂读书记，芸斋短简。也都是单薄小文，零碎文章。

从文风和内容上看，与我过去写的东西，都有所区别。这是无足奇怪的，我现在写不出以前那样的小说，正如以前写不出现在的文章一样。此关天意，非涉人事。

我的一生，是最没有远见和计划的。浑浑噩噩，听天由命而生存。自幼胸无大志，读书写作，不过为了谋求衣食。后来竟怀笔从戎，奔走争战之地；本来乡土观念很重，却一别数十载，且年老不归；生长农家，与牛马羊犬、高粱麦豆为伴侣，现在却身处大都市，日接烦嚣，无处躲避；本厌官场应酬，目前却不得不天天与那些闲散官儿，文艺官儿，过路官儿，交接揖让，听其言词，观其举止。本来以文艺为人生进步而作，现在翻开一本小说，打开一本杂志，就是女人衣服脱了又脱，乳房揣了又揣，身子贴了又贴，浪话讲了又讲。如果这个还能叫作文艺，那么倚门卖俏、站街拉客之流，岂非都成了作者？

人在青年，是不会想到晚年的，所见的是客观存在，谁也不能否认和掩饰。

有些感受，不能不反映到我近年的作品和议论之中。我极力协调这些感受，使它不致流于偏激。有人说，某人整天坐在家里骂人，太无聊了。无聊有之，骂人之心，确实没有。既不坐在家里骂人，也不跑到街上捧人。取眼之所见、身之所经为题材；以类型或典型之法去编写；以助人反思，教育后代为目的；以反映真相，汰除恩怨为箴铭。如此行文，尚能招怨，则非文章之过，乃世无是非之过也。

在文字工作上，也不是没有过错的。在进城初期所写的小说中，有的人名、地名，用得轻率，致使后来，追悔莫及。近期所写小说，虽对以上两点，有所警惕，在取材上，又犯有不能消化的毛病。使得有些情节，容易被人指责。这都是经验不足，考虑不周，有时是偷懒取便所致。文字一事，虚实之间，千变万化，有时甚至是阴错阳差，神遣鬼使。可不慎乎，可不慎乎！

我起书名，都是偶然想到，就字面着眼，别无他意。"无为"

二字，与"无为而治"一词无关，与政治无关。无为就是无所作为，无能为力的意思。这是想到自己老了，既没有多少话好说，也没有多少事好写的，一种哀叹之词。也可以解释为，对自己一生没有成就的自责。也可以解释为，对余年的一种鞭策。总之，不是那么悲观，有些乐观的意思在内。

任我怎样不行，为书起个花哨俏丽的名儿，多想想，还是可以做到的。那样征订数就可以多一些。但我不愿那样做，这也是因为我老了，要说心里话，不愿再在头上插一朵鲜花，惹人发笑了。

一九八八年一月十二日

《耕堂杂录》后记

右小书,稿分二部。书衣文录,自有序跋,可不赘。应申明者,此次印刷,是经李屏锦同志按写作年月,重新编排者。此等琐碎,竟耗他不少时间精力,应该感谢。其中《鲁迅全集》《五代史平话》二则,皆记在一九七六年,初未注明写作年月,误植在前。因无关宏旨,今不再移动。

烽烟余稿,前一部分文字,系从河北文联编辑之"华北文艺运动史料"中剪下,十年动乱,幸未遗失。后一部分,则系冉淮舟同志从旧报抄录,旧报残缺,难以寻觅,淮舟费去不少时间精力,亦应志感。辑存这些文字,不过印证一下,我在青年时代,曾于何种境遇,写过什么文章,并不顾及它们的幼稚与浅薄。这些文字,多发表在当时的《晋察冀日报》上,河北文联辑存时,略有删节。今亦不再录补。

幼年,游于泽畔,见飞鸿受伤坠沙中,仍以喙修润其羽翼,盖强忘其生命之将尽,幻想经宿复原,能振翅起飞于云中。当时,余颇为之痛恻。又见蚕将僵,犹摇头奋体以吐余丝;星将逝,摇曳其余光,以眩众目。文人之业,殆将不死不休乎?亦可怪矣!

一九八〇年十二月八日晚

《秀露集》后记

本集所收,主要为近一二年所作散文。其中也有几篇旧作,篇后系有写作年月,读者一看便可明了。旧作经过战争、动乱,失者不可复得,保存下来的,也实在不容易。每当搜集到手时,常有题记。例如《琴和箫》一篇,即原附有如下文字:

> 这一篇原名《爹娘留下琴和箫》,发表在一九四三年《晋察冀日报》的文艺副刊《鼓》上。在我现存的创作里,它是写作较早的一篇。但是,在后来我编的集子里,都没有这一篇,一九五七年,我病了以后,由康濯同志给我编辑的《白洋淀纪事》里,也没有收进去。
>
> 这一篇文章,我并没有忘记它,好像是有意把它放弃了。原因是:从它发表以后,有些同志说它过于"伤感"。有很长一个时期,我是很不愿意作品给人以"伤感"的印象的,因此,就没有保存它。后来,在延安写作的《芦花荡》和《白洋淀边一次小斗争》里,好像都采用了这篇作品里提到的一些场景,当然是改变得"健康"了,这三篇文章,如果读者有兴趣,可以参照来看。

现在淮舟同志又把它抄了来,我重读了一篇,觉得并没有什么严重的伤感问题,同时觉得它里面所流露的情调很是单纯,它所包含的激情,也比后来的一些作品丰盛。这当然是事过境迁和久病以后的近于保守的感觉。它存在的弱点是:这种激情,虽然基于作者当时迫切的抗日要求,但还没有多方面和广大群众的伟大的复杂的抗日生活融会贯通。在战争年代,同志们觉得它有些伤感,也是有道理的。

因此,我竟想到了创作上的一些问题。真正的激情,就是在反映现实生活时所流露的激情,恐怕是构成现实主义文学作品的重要因素。在历史著作里,在政治经济学著作里,成就大小的分别,道理也是一样。应该发扬这一点,并向现实生活突进。但理论问题是很复杂的,非目前脑力所能及。现在,只是把这篇作品的来历,简述如上。

一九六二年八月七日晚大雨过后记

此篇,前抄件已失,淮舟念念不忘,今岁,先后到天津人民图书馆、北京图书馆、北京大学图书馆,检阅所存《晋察冀日报》残卷,均未得见。终于《人民日报》资料室得之,高兴抄来。淮舟于此文,可谓情厚而功高矣。今重印于此,使青春之旅,次于晚途;朝露之花,见于秋圃。文事逸趣,亦读者之喜闻乐见乎!

一九七九年十一月二十八日晨又记

再如《烈士陵园》一文,写出较早,发表在《人民日报》;还有一篇,写出较晚,交给《天津日报》,刚刚排出清样,就赶上了"文化革命"。于是悬挂楼间,任人批判;批判之余,烟消火灭,它就无影无踪了。文章的命运,历史证明,大体与人生相似。金匮之藏,不必永存；流落村野，不必永失。金汤之固不可恃，破篱残垣不可轻。所以虽为姊妹篇，一篇可以赫然列目于本集，一篇则连内容、题目我也忘记，就是想替它恢复名誉也无从为之了。

其他几篇旧作，也都是路旁的遗粒，沉沙之折戟。虽系残余，可备磨洗。因为，用旧日文字，寻绎征途，不只可以印证既往，并且希望有助于将来。

至于这些新作，也都是短小浅陋的。近年来，文章越写越短，以前写到十页稿纸，就自然结束；近来则渐渐不足十页，即辞完意断。这是才力枯竭的象征，并非锤炼精粹的结果。然于写作一途，还是不愿停步，几乎是终日矻矻，不遑他顾，夜以继日，绕以梦魂。成就如此单薄，乃自然所限，非战之过也。

"秀露"一词，亦别无含义。在农村生活时，日出之后，步至田野，小麦初生，直立如针，顶上露水如珍珠，一望无垠，耀人眼目，生气蒸蒸，叹为奇丽。今取以名集，只是希望略汰迟暮之感，增加一些新生朝气。

一九八一年二月一日记

《澹定集》后记

为一本书命名,比为一篇文章命名,要难一些。一篇文章,在写作之前,成竹在胸;在初稿完成之后,余韵犹在。起个名儿,写在篇首,还容易些。如果是一本书,把一些丛杂的文章,汇编起来,立个名目,就常常使人"一名之立,旬月踟蹰"了。

"晚华"二字,本来名副其实,有人嫌其老。我为了酬答这些同志的美意,第二本集子,就取了"秀露"两个字。有人看了又嫌其嫩,说是莫名其妙。

确是这样。人老不服老,硬是说七十如何,八十又如何,以及老骥伏枥,焕发青春之类,说者固然壮一时之气,听者当场也为之欢欣鼓舞,仔细想想,究竟不是滋味。

因为毕竟是老了,于是这本集子,就定名为澹定。这两个字,见于王夫之的《楚辞通释》。我读书不求甚解,这两个字,从字面看,我很喜欢,就请韩映山的令郎大星同志刻了一方图章,现在又用来作为本集的书名。

其实,就我的体会,凡是文人用什么词句作为格言,作为斋名,作为别号,他的个性,他的素质,他的习惯,大概都是和他要借以修身进德的这个词句,正相反的。他希望做到这样,但在很大程度上,不一定做得到。当然有一个格言,悬诸座右,比没有一个格言,总会好一些,因为这究竟是中国人的一种习惯,多少还带有一些文化教养的性质。

就用这两个字吧,其别无深意,正和前两个书名相同。

其中有一篇短文,题名《王凤岗坑杀抗属》,是旧作,冉淮舟同志从图书馆复制来的。我向读者介绍:我过去写过这样的文章。这样的文章,我现在还能写得出来吗?

一九八一年八月六日下午雨中

文集自序

当我把这几卷文集呈献在亲爱、尊敬的读者面前时，我已经进入七十岁。

当我为别人的书写序时，我的感情是专一的，话也很快涌到笔端上来。这次为自己的书写序，却感到有些迷惘、惆怅。彷徨回顾，不知所云。这可能是近几年来，关于我的创作，我的经历，谈得太多了，这些文字，就都编在书里，此外已经没有什么新鲜意思了。另外，计算一下，我从事文字工作，已经四十多年，及至白发苍颜，举动迟缓，思想呆滞之期，回头一看，成绩竟是如此单薄贫弱，并且已无补救之力，内心的苦涩滋味，富于同情心的读者，可想而知。

限于习惯和体例，我还是写几句吧。

一、每个历史时期，都有它的种种特点。因此，每个历史时期所产生的作家群，也都有他们特殊的时代标志。读历代大作家的文集，我常常首先注意及此，但因为年代久远，古今差异很大，很难仿佛其大概。

我们这一代作家，经历的也是一个特殊的历史阶段。青年读者，对这一代作家，并不是那么了解的，如果不了解他们的生平，就很难了解他们的作品。老一代人的历史，也常常难以引起青年一代的兴味。我简略叙述一下，只能算是给自己的作品，下个注脚。

二、我的创作,从抗日战争开始,是我个人对这一伟大时代、神圣战争,所作的真实记录。其中也反映了我的思想,我的感情,我的前进脚步,我的悲欢离合。反映这一时代人民精神风貌的作品,在我的创作中,占绝大部分。其次是反映解放战争和土地改革的作品,还有根据地生产运动的作品。

三、再加上我在文学事业上的师承,可以说,我所走的文学道路,是现实主义的。有些评论家,在过去说我是小资产阶级的,现在又说我是浪漫主义的。他们的说法,不符合实际。有些评论,因为颠倒了是非,常常说不到点上。比如他们曾经称许的现实主义的杰出之作,经过时间的无情冲激和考验,常常表现出这样一种过程:虚张声势,腾空而起,遨游太空,眩人眼目,三年五载,忽焉陨落——这样一种好景不长的近似人造卫星的过程;而他们所用力抨击,使之沉没的作品,过了几年,又像春草夏荷一样,破土而出或升浮水面,生机不衰。

四、我认为中国的新文学,应该一直沿着"五四"时期鲁迅和他的同志们开辟和指明的现实主义的道路前进。应该大量介绍外国伟大的现实主义作家的作品,给文学青年做精神食粮。我们要提倡为人生进步、幸福、健康、美好的文学艺术,要批判那些末流的诲淫诲盗败坏人伦道德的黄色文学。

五、我们的文艺批评,要实事求是,是好就说好,是坏就说坏。不要做人情。要提高文艺评论的艺术价值。要介绍多种的艺术论,提高文艺评论家的艺术修养。要消除文艺评论中的结伙壮胆的行帮现象,群起而哄凑热闹的帮闲作风,以及看官衔不看文章的势利观点。

六、文艺虽是小道,一旦出版发行,就也是接受天视民视,天听民听的对象,应该严肃地从事这一工作,绝不能掉以轻心,或取快一时,以游戏的态度出之。

七、我是信奉政治决定文艺这一科学说法的。即以此文集为证:

因为我有机会参加了抗日战争和土地改革,我才能写出一些反映这两个时期人民生活和斗争的作品。十年动乱,我本人和这些作品同被禁锢,几乎人琴两亡。绝望之余,得遇政治上的拨乱反正,文集才能收拾丛残,编排出版。文艺本身,哪能有这种回天之力。韩非多才善辩,李斯一言,就"过法诛之"。司马迁自陷不幸,然后叹息地说:"余独悲韩子为'说难',而不能自脱。"有些作家,自托空大之言,以为文艺可以决定政治。如果不是企图以文艺为饵禄之具,历史上并没有这样的例证。我是不相信的。

八、我出生在河北省农村,我最熟悉、最喜爱的是故乡的农民,和后来接触的山区农民。我写农民的作品最多,包括农民出身的战士、手工业者、知识分子。我不习惯大城市生活,但命里注定在这里生活了几十年,恐怕要一直到我灭亡。在嘈杂骚乱无秩序的环境里,我时时刻刻处在一种厌烦和不安的心情中,很想离开这个地方,但又无家可归。在这个城市,我害病十年,遇到动乱十年,创作很少。城市郊区的农民,我感到和我们那里的农民,也不一样。关于郊区的农民,我写了一些散文。

九、我的语言,像吸吮乳汁一样,最早得自母亲。母亲的语言,对我的文学创作,影响最大。母亲的故去,我的语言的乳汁,几乎断绝。其次是我童年结发的妻子,她的语言,是我的第二个语言源泉。在母亲和妻子生前,我没有谈过这件事,她们不识字,没有读过我写的小说。生前不及言,而死后言之,只能增加我的伤痛。

十、我最喜爱我写的抗日小说,因为它们是时代、个人的完美真实的结合,我的这一组作品,是对时代和故乡人民的赞歌。我喜欢写欢乐的东西。我以为女人比男人更乐观,而人生的悲欢离合,总是与她们有关,所以常常以崇拜的心情写到她们。我回避我没有参加过的事情,例如实地作战。我写到的都是我见到的东西,但是经过思考,经过选择。在生活中,在一种运动和工作中,我也看到错误的倾向，虽然不能揭露出来，求得纠正，但从来没有违背良心，制造虚伪的作品，对这种错误，推波助澜。

十一、我对作品，在写作期间，反复推敲修改，在发表之后，就很少改动。只有少数例外。现在证明，不管经过多少风雨，多少关山，这些作品，以原有的姿容，以完整的队列，顺利地通过了几十年历史的严峻检阅。我不轻视早期的作品。我常常以为，早年的作品，青春的力量火炽，晚年是写不出来的。

十二、古代哲人，著书立说，志在立言；唐宋以来，作家结集，意在传世。有人轻易为之，有人用心良苦。然传世与否，实在难说。司马迁忍发汗沾衣之辱，成一家百代之言，其所传之人，可谓众多。然其自身，赖班固以传。《报任安书》，是司马迁的亲笔，并非别人的想当然之词。文章与作者，自有客观的尺寸与分量，别人的吹捧或贬抑，不能增减其分毫。

十三、我幼年尪怯，中年值民族危难，别无他技，从事文学之业，以献微薄。近似雕虫，不足称道。今幸遇清明之世，国家不弃樗材，念及老朽，得使文章结集出版，心情十分感激。

十四、很长一个时期，编辑作风粗率，任意删改别人文章。此次编印文集，所收各篇，尽可能根据较早版本，以求接近作品的原始状态。少数删改之作，皆复其原貌。但做起来是困难的，十年动乱，书籍遭焚毁之厄，散失残缺，搜求甚难。幸赖冉淮舟同志奔波各地，复制原始资料多篇，使文集稍为完善充实。淮舟并制有著作年表，附列于后，以便检览。

十五、文集共分七卷。计其篇数：短篇小说三十八，中篇小说二，长篇小说一，散文七十九，诗歌十二，理论一部又一百零四，杂著二部又五十七。都一百六十万言。

文集的出版，倡议者为天津市出版局孙五川等同志，百花文艺出版社社长林呐同志主持其事。出版社负责编辑为李克明、曾秀苍、张雪杉、顾传菁等同志。在讨论篇目、校勘文字时,又特别邀请邹明、冉淮舟、阿凤、沈金梅、郑法清等同志参加。正值溽暑,同志们热心讨论,集思广益,在此一并致谢。

一九八一年八月五日写讫

《曲终集》后记

钱起诗:"曲终人不见,江上数峰青。"本集之命名,其由来在此。友人有谓为不祥者,我也曾想改一下,终以实事求是为好,故未动。

自一九八二年《晚华集》出版,朋友们以"每年一本"相期许,当时亦自知奋发,预定生前再写"十本小书"。最初数年,尚能如期完成。后来身体逐渐病弱,力已不能从心。以本集稿件而论,其最初剪存者,为一九九二年一月,目前截止,则已是一九九五年一月了。粗略计算,十本小书,虽已完成,然用的时间,不是十年,而是十三年。

集内文章,不再评论。读者都是故人,自去理会好了。惟当说明者,书中有十六篇文章,于编辑"珍藏本"时,出版社已提前收入。今天编印此书,照顾过去体例,仍按编年辑存。出版社是一家,自无异议,对于已购"珍藏本"的朋友,则应交代如上。

人生舞台,曲不终,而人已不见;或曲已终,而仍见人。此非人事所能,乃天命也。孔子曰:天厌之。天如不厌,虽千人所指,万人诅咒,其曲终能再奏,其人则仍能舞文弄墨,指点江山。细菌之传染,虮虱之痒痛,固无碍于战士之生存也。

一九九五年一月三十日上午

关于创作的对话

致康濯的十二封信

康濯兄:

来信收到了,我庆贺你的新作完成,很希望能见到它。"华艺"看到两期,只觉得分量不重,然此中困难之处,弟亦了然。

随信寄上《天津日报》若干份,报已很不全,我兄作一管之窥吧。小诗剪寄一份,实无好处可言,然此系我第三首诗,前两首早已忘得干净,这首,老兄看过,代我保存吧,因手下只有一份也。并藉博未见面的嫂嫂一笑吧。

稿件事,我近收到红杨树《两年》一篇,系长诗,我认为是诗坛绝唱。另有一篇白刃作小说《太阳医生》一万字,另史松北一长诗,另鲁藜一诗。然此作品,这里有些同志拟在津出文艺丛刊。我劲头不大,认为他们不一定能弄成。故此,我要和他们商议一下,把稿干脆寄给你,俟决定,马上寄去,迟不过三五天耳。

另,香港出版的《人民与文艺》(系丛刊性质),内载冯乃超作《评〈我的两家房东〉》。现把第一段抄在下面:

"康濯这本小说集子,收集了三个描写农民的短篇小说。我不知道作者的底细,从作品中看来,他大概是在农村里工作相当长久的年轻的革命知识分子,仅仅三篇小小的短篇,表现着特有的清新的风格。他细致而不繁琐，平淡而不刻板，有着生动的朴素性，不加铺张的真实性。"

所指三篇作品系指《房东》《初春》和《灾难的明天》。不知我兄见到这集子否？

关于《光荣》稿费，不要寄来。我想做些人情。稿费领出，以三分之一给你家我那小侄儿买糖果，另以三分之一送给曼晴同志，也作这事用，另以三分之一寄给吴劳同志或赵惜（他的老婆）也做这事用——给小孩买糖吃。

请和欧阳山同志谈谈，不必寄给我。在天津，那点钱不见花！我也不需要。

目前，方纪回冀中去了，一月方归。我很累，编辑工作，我实不愿做，特别是在城市做报纸副刊，有些海派事，实不习惯。

另外，我仍不死心，恋恋写作，春天冀中建政、大生产，我想回去写小说，不知能否成功。

就这样吧。

敬礼

弟　孙犁
二月二十一日（一九四九年）

康濯同志：

我去冀中一趟，带回一个小孩子，回来见到你的信，敬悉一切。

前寄上一篇《蒿儿梁》（《女主任》）不知收到没有？我走后，这里同志给了《进步日报》（《大公报》改），他们发表了，但因寄给你的是原稿，给他们的是别人抄稿，印得错字很多，把其中成果庵，竟印成成果巷，真是城里人不知乡下事，我很懊恼，也没办法。

我想你那里也不一定用。但也要通知你一下，以免负一稿两投之罪。那原稿就望老兄代我保存，以后如印集子，仍以它为准。

嫂嫂和小孩子的身体怎样,甚念。

回来很累很忙乱,匆匆。

敬礼

孙 犁
三月十八日(一九四九年)

康濯兄:

写了两封信,都是匆匆忙忙,有些事好像还要详谈一下才好。

到这里,找到一本香港出的《荷花淀》,所欣慰者其中收集了我原想早已湮没的《游击区生活一星期》(一万字)和《山里的春天》两篇文章,其次别人又剪来上海《时代日报》介绍这本小书的葛琴和别人的文章,也把咱们小小捧了一下,虽是掌声不大,却也聊以慰情。

另外,这里一个知识书店要印些书,我把《少年鲁迅读本》给了他们,另外编了一个"纪事"集给了他们,篇目附上。这中的文章,都是以"我"开写,而香港的集子是没有的。这主要是为了弄些钱花,当然也寓有留下脚印之意。

屠格涅夫有言:不失去活动的欲望。

关于工作和生活,我在这里工作并不安心,此中有很多原因,另有一个小原因,就是我还想写东西。最近我要求抽一定时间去工厂写些速写和报告,写关于工人的小说,一时不易做到,但速写是可以的。关于农村,一时恐怕是回不去了。

另外,我带有一个小孩子,她十二岁了,原是打算叫她上学的,但这里的供给问题,一时不能解决,而她在我身边,也很麻烦。听说北平有育才学校,我已函请周扬同志,把她送到那里去,听说周扬是校长。

关于《嘱咐》,这里反映也不一致,知识分子首先感到这篇东西感情不健康，而有的工农干部却说不错。这并非拉一下工农来给自己助威，但批评这个东西，在今天很难说，它常常是由"上"来个号召，就造成了群众的影响。因为写批评，就是代表工农甚至代表党来说话的，声威越大越好，叫群众服从，真正群众的意见，就湮没了。从冀中以来，我有了这么个认识，当然我的写作上的缺点，我要克服。

因此，我在文坛上，也认识了什么叫"海派作风"。

邓康来了两次信，他在哈尔滨当企业公司老板，最近又要和一个南斯拉夫女郎结婚了，他希望给他写信去：寄交哈市企业公司邓建桥即可。

今天有些时间，扯了这些闲篇。

敬礼

孙　犁

四月二日（一九四九年）

康濯兄：

昨天发出稿子及信，想已收到。今天收到信及钱。

其实，我这些日子并不穷，"少年鲁迅"、《互助组》及香港来的钱，一时使我竟像一个花子拾金一样。老婆孩子来了，这出戏也算唱过了，过了端阳节，就把他们送回去。主要是独身惯了，偶尔来同居几天，长了就麻烦得很。一是楼房，不适合小孩玩耍，上街去，就要担心。二来，他们来了，我连午睡都没法，哪能写文章。文章是不能不写的，无论如何要写的。三是家里还有老母，无人侍奉等等。

关于工作的事，我也会说不会做，如果单是从经验和认识讲，我希望你不要去做什么全国文协吧。我觉得离开文艺文化的圈子，才真正是文艺的天下，做实际工作，反能写文章，反有兴趣写，这已经是经验证明了的。有稿子交出去，比什么也好，何必站在文坛之上，陪侍鞠躬行礼如仪？

如果按你的经验说，虽是做编辑也能写，但不如集中精力，我们是已经到了应该集中精力的年纪了。

目前的情形，好像有两种办法：一是做文化工作，打起杂来，没有作品。一是决心改行，在行政上熬上去，心安理得。但在你，恐怕要不甘心这样的，做做实际工作，集中力量写写，再做工作，这不是你老早告诉过我的吗？

关于工作，我自己也在不安心，我在这里，倒不是没有时间写东西，但就是因为做着编辑，左支右绌，不得从容。

关于王林的《腹地》，他已经接到你的信，他很感动，今天给我写了一封信，很兴奋。我想，是应该这样的。

专此

敬礼

兆阳不另。

孙 犁

五月二十六日（一九四九年）

康濯兄：

来信收见，"演义"也在报上读了两节，觉得不成问题，写得精细。只是题目我觉得长了一些，也不鲜明。"黑石山"加"煤窑"有双重黑压压的味道，"演义"我觉得不必要，不知你怎样看法。甚至里面的"却说"，也不必要，因为今天的小说，实际读者多于听者，即便讲演，没有"却说"，实际上也听得明白。不知怎样，我对这种风头很健的章回体，近来不大喜欢。当然老兄的作品，我是喜欢看的，定遵嘱首尾看全，并写评介。自《腹地》书评问世，我颇有弃文修武的意图，如果这个买卖好，我就改行当"评介家"了。

《芦花荡》书评，系萧来同志写，萧系《文艺周刊》投稿中坚，与我并不相识。此评寄来，我颇费踌躇，然终于发表。大概是他的性格有些和我相近，因此他喜欢那文章，只评了优点，缺点评的不多，我当时很怕有"请人吹捧"之嫌，好在实际上，我还不是那样，人家好意也就登出。但也没什么新鲜玩意儿，不过说写女人写得好等等，你找报看看吧，剪报不寄了。

《钟》已改好，原则上以第一次稿件为准，减少了她的徒儿和大秋的新媳妇，结束时叫大秋和她结了婚，这样完整一些。但尼姑这个东西，我总有些不安，但不叫她是尼姑，也实在不忍舍弃那当时的情调。我准备发表它在我们筹划的文艺丛刊里，这丛刊是劳荣他们张罗，我看问题也多。

我母亲忽然来了，她们采取了轮流赴津制来麻烦我，这几天不免要陪老人家逛逛，东西写不成了。

敬礼

孙　犁
十月十八日（一九四九年）

濯兄：

《钟》能在"文劳"发表最好，在《人民文学》发表不大合格，且易遭风。

前日寄上一小文，偶然之作，只是愿意叫你看看而已。近况如常，这几天又有些感冒，鼻塞头重，也不敢写东西。另外，人这个东西，如果没有家会是多么轻松？家里人冬闲要来，因此给他们找了房子，买了炉，打米称盐，忙了一阵，现在老母同在这里上学的一个女儿，搬到新居去住了，静候夫人及其他人到来。我仍住编辑部，以求静养。

老兄：思想起来，实在没有什么意思。

关于那个小长篇，如果写就有两个，一平分，一抗日也。今年冬天，如果兵强马壮，则会写作，如果身体败下阵来就不能了。我很愿意你把电影小说写出来，这些新玩意弄弄很有意思，但有意思只是说写的时候，我想真正演出来，那意思就归导演、摄影师、演员了。文学和电影是两回事，《红楼梦》电影，我总不想去看。

　　关于新玩意儿，我还弄了一次——广播，也很有意思。空洞一室，只有一个女的和我。照稿宣读，半点钟四千五百字，一个劲念，一个劲看钟，以便调剂速度。声音发出，毫无反响，但是，虽不如在广众之中，可以因为讲得好而得到鼓舞，同样，也不会看见听众的沮丧神情而败兴也。什么也看不见，静静的大房子里，面对如花似玉一个女的，宣读你的大作，真是"灵感"得很。不知老兄有此兴致否？这里人民电台台长是鲁荻（即晋察冀军区时代的鲁里），很希望有些作家能上台广播。

　　有书还是寄到上海吧，北京印书不漂亮。前些日子，我把那个《区村——文学课本》整改一番，也寄给周而复了，有空就钻。敬礼

犁

十一月九日（一九四九年）

濯兄：

　　你的信并书收到了。杨循同志处已转送，弟并附信："老兄广交天下文士，热衷成人……"云云。关于新生稿费，如我经济情况不好，当暂借用，勿念。你走那天，适内人来到，但我认为你在八点走了，致未留你瞻仰瞻仰，实深遗憾。现已安排好住在文化大楼下处，弟仍居斗室之中，以贯彻静养之初志。

　　昨日寄上《吴召儿》剪报，虽弟扬言为一九四九年杰作，实在并不佳，因结束太仓促之故，未能充分发挥其杰作性。望兄于有兴

致之时,代为编为一集,望以严肃的科学的态度编审之。《老胡的事》最好能寄我删改一下。《钟》你可从"文劳"上剪下。《吴召儿》中倭瓜之"倭"字都误写为"矮"。亦望代校正。

电影剧本如能通过当然好,亦可解决一部分经济问题也。但此中事,不能确定太早。

望常赐信,勿以既已面谈而中断函雁也。

敬礼

孙　犁

二十七日夜(一九四九年十一月)

康濯兄:

不知电影剧本突击成功没有?上海文汇、解放及大公均有对张飞虎的介绍,不知看到否?天津新生又送来我兄稿费,因我近来亦很有收入,已电杨循兄函汇给你,想他一定写信给你了。日后我用钱,再向你告借好的。

我的电影没得通过,凌凤虽以沉痛心情告我,但在我这是意料中的事,前此并未存过多希望。但其中好像涉及"儿女英雄传",但我想,好在那一本书里,也有《荷花淀》。然而,我不同意周扬同志的批语,以为我写的只是印象,而且是想象的印象有"许多"。老实讲,关于白洋淀人民的现实生活,凭别人怎样不是想象的吧,我以为它不能超过《荷花淀》的了,这点我是自信的。

当然也有些懊恼之情,就是不知因为什么我留给别人一个"想象"的"印象"。这是和那一年客里空有关的,然而今天证明客里空的不是我。且《荷花淀》在冀中人民及干部方面,任何时期也并没有遭到非难。我准备把其中一段改写为小说,以便保存民歌三支也。另外,我最近整理了一本小散文集名为《农村速写》,全系在冀中所写报告及通讯,但还太少,因此,我希望我兄于忙过这一期之后，把你那里《天灯》《相片》《投宿》《家属》（原稿在平山时寄你的一篇小文，没有就算了）寄我，以便编为一集，拼命出版。

摘出这几篇小文，并不影响你那里要编的小说集，因我又写了一篇《山地回忆》，等发表后，可以抵补。

此外，如果有暇，把《老胡的事》一同寄我修改一下。

此外，能告诉老兄的，我正在编一本诗集。

敬礼

孙 犁
十二月二十三日（一九四九年）

濯兄：

写去一信，收到一信。你的创作的集中和突击性，很为我羡慕，今年开春，我当努力一下。目前，两万字，在我，都好像很难产生似的，一定要重整旗鼓。

丁玲叫萧殷给我写了信来，陈企霞也写了信来，并说愿意批阅我的作品，这是一种鼓舞，但是虚心一点讲，我那也称得起作品吗？陈还说叫我开"全部目录"，我复信说：就是大家全看见的那点，并没有秘籍，用不着开目录，如若不然，就近可以问你，因为你就是我的作品的百科全书。

近来，好像是从你走了以后，我并没有写东西，下一周不值班了，不知能否写一个短篇？

关于那个电影，其实是无足轻重的，我已投之抽屉不愿再弄它，因为我无论如何也不善于编剧的，即便能拍，我们的意味能在影片上占怎样的分量，也很难说。因此，我倒想有时间写一本人物集中、故事一贯的小说，就以这个电影为其前身吧！

关于创作上的问题，因你近来实践多，感到的也会多，望能于创作之暇，书面提及。我近来想得很少，这也是不进步的一个表现。

丁玲他们有愿意我去《文艺报》工作的意思，我暂时不能离开这里，理由好像和你谈过，如扯到时，可同他们谈谈，我是很感激他们对我的关怀的。

十月文丛第二期付印了，我把《采蒲台》修改了一下交出去，那篇东西你是看过的，并不好，我是为了把电影名歌保存下来。

敬礼

孙 犁
七日夜（一九五○年一月）

康濯兄：

收到一信，所谈创作上的问题，我想大致如此，过去所尝试，当有助于更高的发扬，绝非浪费。

长篇我在开始看，然捧着这样一捆报纸，只能正襟危坐，如果你那里有两份（原稿或剪报），可寄我一份，如只一份，则请千万勿寄。

创作问题，我很久没想了，见到你的信，我也想了一下，有些愧痛，因为我之在生活上、人物上，实在是一条小道上来回跑，只是变些姿态罢了。写了一些女孩子的小品，而这些女孩子们在性格和生活上，实在没有什么分别。

在这方面，你比我接触的就广阔多了。我想这是因为我无论在生活上在创作上都不大用心之故，今后要注意一下了。今天写成了同一类型的小说《小胜儿》，给本市文协刊物——《文艺学习》。此后，我想有意识地不再写关于女孩子的故事了，我要向别的生活和别的心灵伸一伸我的笔触，试探试探。愿这是我写作生活的一个划界，以后或是能写或是能写得更多更广宽有力，或是不能再有所施为——这些决绝之辞——我想也只能对你讲讲。

我的一家平顺望勿念，家母已返乡间和大女孩子做伴去了，明年春天也可能回来。

敬礼

孙 犁

十九日（一九五〇年一月）

濯兄：

昨或前天，发一短信，顷又接到二月八日信，因被鼓励，有不能止于情者，趁今晚清闲，就再扯扯。

第一，我觉得以《堡垒》及"演义"来说，并非"覆辙"，其中特别是"演义"，以我看过的一部分来说，在生活及人物的精细刻画上，绝非"章回之体"平常所能达到，在这一方面，你的功力是很显明的，且是得到发挥的。人，一时可为这一倾向吹得偏倚，一时又可为另一倾向吹得偏倚，最近，你检讨章回之害是可以的，有好处的，这是因为它又是一次发展了，然而也不能抹杀自己的成绩。

中国真正的旧小说，很有值得学习之点，正如诗词、戏曲一样，然而后来的流俗作品，则必须排除。小说，如以《京本通俗小说》为短篇之规范，以《水浒》为人物传的规范，以《儒林外史》为人情世态之规范，以《西游记》为情趣变幻之规范，以《红楼梦》为人物语言之规范，则我们可综而得到很多东西。如益之以《史记》之列传写法，唐诗之风情气韵，对我们绝对有益。我很爱好中国旧遗产，但在中国缺少浪漫主义，如再学习普希金及高尔基之热力，屠格涅夫之文字才华，我以为可称大观矣。

以上当然有点腐朽之味，然而，它可以说明我对文艺学习的一种看法，并和你讨论。

我所反对的，是你写什么献古钱之类。我读了前面的开场白，就觉得用这种形式，会把你的内容弄得蹩脚。好像我知道你并不精通这种玩意儿，而即使精通，一写这个，就流于公式，不仅措词，而且达意上也受影响。过去我也写过这些东西，并且觉得，如果只在精通这一形式来说，可能比你内行一些，而那些作品，我是全忘记了的。

总的意见是：在你的特长方针下，吸收一切可以补助其发展光大的东西。但不被形式损弱你的特长。什么是你的特长？我以为是在人物和生活的刻画的精深博大方面。不知以为然否？

关于你对我这几篇东西的意见，我自赞同，但你不说，我自己是不能分辨的。例如《小胜儿》一篇，我并不喜爱她，原因就是印出以后读它一遍，它缺少我所习惯喜好的那种热情和我所谓的感动。《秋千》一篇我以为有些热力了，并觉得是我近来有些收获的作品，因此郑重寄呈《人民文学》，但厂民和你觉得它又不如其他篇。这种情况你是了解的。

《石猴》《秋千》《女保管》（《新中国妇女》）是《平分杂记》的一连串，如《人民文学》用时，如他们愿意加此副题，望便时转告厂民同志一声。

近来，以偶然相遇，被选为天津青联委员，因此时有讲演之类。我们不善此道，且在一千多人场合讲三小时，真是力竭声嘶。昨讲一场，卧床一昼夜，尚未能恢复，身体之坏，实在只有用庄子方法才可解脱。故决定能推出者一概谢绝，安生写文章比什么也强。近开始一篇《三姑娘的婚事》，预告可有风光和人物的，三两天可以写好。

十月文丛本期登《采蒲台》一篇，系改作加名歌，印出后，你看看，可凑足六万之数了。六万之数，数目虽不大，确也推动了我一个时期。可笑。

新年将近，昨日协同老妻幼子大扫除一番，并为张贴年画数帧于粉墙，购买糖瓜及粉条，博得欢慰不少，愿你同嫂夫人及孩子们新年春节多所愉快收获。

北京新年将更有趣多了。

敬礼

陈肇作品，如北京无出路可寄我。

孙　犁
九日夜半（一九五〇年二月）

康濯兄：

　　想近日兄已安抵首都。在山西于大雪放晴后之来信早已收到。以腊月中旬，弟由一村庄转移到另一村庄，转移后又以生活不定，又贸然进入一空而且大、久无人居住之冷屋，睡眠两夜，乃患感冒。幸以下乡以来，抵抗力加强，未致卧倒，今已痊可，望勿念也。而复兄来信已延迟颇久。

　　弟原住城北淤村，近移居城南东长仕村，此村四面沙岗，颇多果木及园圃。夏景当可观，冬季亦较一般平原村庄为出色，盖大平原上之小山林也。房东条件，亦较淤村略为活泼，因房东系村妇会主任之故。物以类聚，每日来往，乃一变而为伟大的妇女同志们。做饭一事，已颇为便利，人多手杂，乃有人浮于事之慨矣。弟尝叹世事之矛盾发展，变化无常，在淤村所苦只见小伙子，而至此又不得不偏重于另一方。近值年节，农村一片过年之前奏曲。会议亦不好召开，因妇女要磨面做饭，男人要赶集上店也。

　　兄到京后情况及京中情况，望告知，有何写作，亦望告知题目及发表地点。《风云初记》二集据云清样最近寄来，出版前，未知兄有工夫再看一遍否？因有一些修改处，亟需我兄最后审定，我才放心。另外，此书丁玲同志到底看过了没有，亦望探询见告。

　　来信仍由安国县委宣传部转。

　　专此

敬礼

弟　孙　犁
二月六日夜（一九五三年）

给田间的两封信

田间兄：

三月从中央局来信收到。前些日我到安新一带去了一趟，当记者写了几篇通讯，现在回来校印文学入门（即前所写区村文学课本），过两天印成即寄赠一本，看看后送人吧。

你时刻关心我。我应该记得你时刻对我的关心。从去年回来，我总是精神很不好。检讨它的原因，主要是自己不振作，好思虑，同时因为生活的不正规和缺乏注意，身体也比以前坏。这是很不应该的，因此也就越苦痛。我应该根据你的提示做去，把生活正规起来，振作精神——这样使精神集中起来，也能工作，身体也会好起来。

关于创作，说是苦闷，也不尽然。总之是现在没有以前那股劲了，写作的要求很差。这主要是不知怎么自己有这么一种定见了：我没有希望。原因是生活和斗争都太空虚。

你针对这点鼓励我。我一定要努力克服这种心情，就是逐渐打开生活的范围。我说逐渐——你不要见笑，老毛病。

如果说创作的苦闷，那完全是由于自己的不努力。不深入农村部队，我想就休谈创作，而借八年小小虚名写空头文章，自己不愿别人也不允。——干脆不写！就要做别的工作去，这是目前需要解决的问题,但又没有决心。这就是以往苦恼的情况。

但创作的苦闷在我并非主要的,而是不能集中精力工作,身体上的毛病,越来越显著,就使自己灰心丧气起来。

今后注意一下,我想会渐渐好起来。

至于其他,望你不要惦记。

希望给我写信。

敬礼并问

葛文同志好

孙　犁
一九四六年四月十日

田间兄:

七月二十五日信收到了,前此惠寄的发动群众例说也收到了,这对我是很好的教材,我总觉得自己距离群众是太远了。

我编的《平原杂志》一、二期,各寄上一册,并八年编委会编的《写作手册》一本,以后如有新书当寄给你。

《平原杂志》实在不成样子,创刊之时,我想和你编的《新群众》遥遥相望,当时也不是没有想到办刊物的种种难处,主要是写稿的人少,而要求又纷杂,在这方面,我经验很少,但想到过去我们几次办刊物的结果,信心一直不高。但冀中实在缺乏读物,努力做下去而已。

关于我的写作,原定秋天抽三个月时间下乡,先写工作日记,后再创作,但杂志只我一个人,能否如愿,不能断定。如能下去,我想到白洋淀。这只是因为以前写了那么一个头,想再写一点。前几天又寄一篇东西给康濯,如能发表,望你看看。

一时没有定什么庞大计划的可能。

葛文的作品,我当找来看看。不过既有孩子,还是以照顾小孩为主,有时间就写一点,没有也就罢了。

我的身体还好,勿念。乡艺丛书,手头如有,望寄我一份。敬礼

孙　犁
一九四六年八月十六日

致 阎 纲

阎纲同志：

九月四日函敬悉。

你这样客气，询问我对于你所作的评论文章的意见，那些文章，我还没有机会全部拜读，现仅就读书问题，谈一些我个人的领会，供你参考。

我在高中时，因读社会科学书籍，也涉及文艺理论书籍，后来，对这门学科就发生了兴趣，一直持续了若干年。但我所学习写作的文章，都是很零碎的，谈不上什么评论。

我最初读了鲁迅翻译的几本书，即现在收入《鲁迅译文集》第六集中的那四本书。我以为蒲和卢的著作是很有价值的。我不太了解你的读书情况，恐怕早已经读过了吧。

那时，我还读了柯根教授的《伟大的十年间文学》，借以帮助阅读十月革命以后的文学作品。我以为他的文章是写得很明快的，读起来很有兴趣。此外，我读了沈起予翻译的《欧洲文学发展史》和陈望道辑译的《苏俄文学理论》。这都是很早以前的事了，书名可能记得有误。

鲁迅译的厨川白村的两部书，即《出了象牙之塔》和《苦闷的象征》。我以为现在读读还是有好处的，日本人的文章写得轻松活泼，有些道理，也并非全是错误的。

作家的文论，在某一个方面，有时是比较切实可信的，契诃夫的一些见解，是很深刻的。高尔基、鲁迅的评论文章，直到目前，也很难说有人能够超越。

我读俄国十九世纪那三位天才的批评家的文章，比较靠后。

中国古典文论，我以为唐宋以前的较好，《诗经》的序和《文选》的序，都是阐明文章大义，而唐宋以后的文论，则日趋于支离。成本的书，自以《文心雕龙》为最好，它全面地深刻地说明了文章的构成和规律，作家的气质和特点。这是一部哲学性的文艺理论，除非和尚的长年潜修，是不能写出来的。《诗品》和陆机的《文赋》，也很好。

古代作家的文论，我以为柳宗元的最好，全包括在他写给友人的书信中，他的文论切实。韩愈则有些夸张，苏东坡则有些勉强。

读书，确是要有所选择，生当现代，的确没有过多的精力和时间去泛泛涉猎。鲁迅反对读选集，这要看情况而定。像我们，也只能选择一些大作家的作品和选集来读读。每个时代，读其重要作家，每个作家读其重要作品。像断代总集，如《唐文粹》《宋文鉴》之类，浏览一下即可。

评论家多读作品，较之多读评论，尤为重要。

金圣叹是很有才气的，他的评论是自成一家的，当时影响很大。中国的评选工作，还没有人作一总结，我以为金评《西厢记》，有时是思路很广的。王国维的著作，也应该学习，他的评论是很有根基的。

浅谈如上。你是不弃下愚，使我深受感动。但是，我的学业，是不足一谈的。青年时期，确实读了一些书，也很刻苦。但十几年战争，读书就很困难，加以进城后，十年荒于疾病，十年废于遭逢。近年环境好了，即急起直追，成就恐怕也不会大了。每念及此，不胜惶惭。

别的问题以后再谈。错误之处，希指正。

孙　犁
一九七八年九月七日下午三时

关于《铁木前传》的通信

阎纲同志：

昨天收到《鸭绿江》评论组转来的你写给我的关于《铁木前传》的信。说是等我的复信写好了，一同在刊物上发表。

这当然是叫我做文章。但是，我首先问候你的病体，祝你早日康复！

近两三年来，在我写的短小文章里，谈到我自己的地方太多了。我自己已觉得可笑，这样急迫地表现自我，是一种行将就木的征象吧！

其实，作家表现自己，这是不足为奇的，贤者也不免的。真诚的作者，并不讳言这一点。而作品之能具有一些生命力，恐怕还离不开这一点。

你以为小说里就没有作家自己吗？那是古今中外，都无例外，有。

《铁木前传》里，也有我自己，以下详谈。这几年我谈了自己的不少作品，但就是没有谈这本书，在写给一个地方的自传里，我几乎把这本书遗漏了。因为，这本书对我说来，似乎是不祥之物，其详情，请你参看拙著《耕堂书衣文录》此书条下。

初看到你的来信，我还是无意及此。但是我很为你的热心和盛情所感动。今天早晨起来，才有了一些想法。

这本书，从表面看，是我一九五三年下乡的产物。其实不然，它是我有关童年的回忆，也是我当时思想感情的体现。

我下乡的地方，村庄叫作长仕。这个村庄属安国县，距离我的家乡有五十里路。这个村庄有一座有名的庙宇，在旧社会香火很盛。在我童年时，我的母亲，还有其他信佛的妇女，每逢这个庙会，头一天晚上，煮好一包鸡蛋，徒步走到那里，在寺院听一整夜佛号，她们也跟着念。

但我一直没有到过这个村庄。这次我选择了这个村庄，其实不只没有了庙会，寺院也拆除了，尼姑们早已相继还俗；其中最漂亮最年轻的一个，成了村支部书记的媳妇。

在这个村庄，我住了半年之久，写了几篇散文，那你是可以在《白洋淀纪事》中找到的。

其中有两篇，和《铁木前传》有关。但是，我应该声明，小说里所写的，绝不是真人真事，所以无论褒贬，都希望那里的老乡们，不要认真见怪。

创作是作家体验过的生活的综合再现。即使一个短篇，也很难说就是写的一时一地。这里面也不会有个人的恩怨的，它是通过创作，表现了对作为社会现象的人与事的爱憎。

读者可以看到，《铁木前传》所写的，绝不局限在这个村庄。许多人物，许多场景，是在我的家乡那里。在这个村庄，我也没有遇到木匠和铁匠，当我来到这个村庄之前，我还在安国城北的一个村庄住过一个时期，在那里，我住在一位木匠家里。

我的写作习惯，写作之前，常常是只有一个朦胧的念头。这个念头，可能是人物，也可能是故事，有时也可能是思想。写短篇是如此，写长篇也是如此。事先是没有什么计划和安排的。

《铁木前传》的写作也是如此。它的起因，好像是由于一种思想。这种思想，是我进城以后产生的，过去是从来没有的。这就是：进城以后，人和人的关系，因为地位，或因为别的，发生了在艰难环境中意想不到的变化。我很为这种变化所苦恼。

确实是这样，因为这种思想，使我想到了朋友，因为朋友，使我想到了铁匠和木匠，因为二匠使我回忆了童年，这就是《铁木前传》的开始。

阎纲同志：在我这里，确实没有"情节结构的特点，以及这种形式独特奥妙之处"。你把这本小书估价太高。

需要申述的是，所谓朦胧的念头，就是创作的萌芽状态，它必须一步步成长、成熟，也像黎明，它必然逐步走到天亮。

小说进一步明确了主题，它要接触并着重表现的，是当前的合作化运动。

一种思想，特别是经过亲身体验，有内心感受的思想，可以引起创作的冲动。但是必须有丰富的现实生活，作为它的血肉。

如果这种思想只是抽象的概念，没有足够的生活基础，只能放弃这个思想。为了表达这种思想，我选择了我最熟悉的生活，选择了最了解的人物，并赋予全部感情。如此，在故事发展中，它具备了真实的场景和真诚的激情。

我国文学艺术的现实主义传统，是非常丰富，非常值得学习、值得珍贵的。这个传统的特点之一，就是真诚，就是文格与人格的统一和相互提高。

投机取巧，虚伪造作，是现实主义之大敌。不幸的是，这样的作品，常常能以其哗众取宠之卑态，轰动一时。但文学艺术的规律无情，其结果，当然是昙花一现。

我们目前应该特别强调真正的现实主义，至于技法云云，是其次的。批评家们应该着重分析作品的现实意义及其力量，教给初学者为文之法的同时，教给他们为文之道。

所答恐非所问。

祝

好

孙　犁

一九七九年十月一日

文学和生活的路

——同《文艺报》记者谈话

《文艺报》编辑部希望我谈谈如何艺术地反映生活，谈谈有关艺术规律方面的一些问题。我没有资格谈这个问题。我在创作上成就很小，写的东西很少。这些年，在理论问题上，思考的也很少。但是，《文艺报》编辑部的热情难却。另外，我想到，不管怎么样，我从十几岁就学习文学，还可以说一直没有间断，现在已经快七十岁了，总还有些经验。这些经验也有成功的，也有失败的，失败的比较多，对青年同志们可能有些用处。所以我还是不自量力地来谈谈这个问题。

我感觉《文艺报》这个题目"如何艺术地反映生活"，是指文学作品的艺术性。一部作品，艺术的成就，不是一个技巧问题。假如是一个技巧问题，开传习所，就可以解决了。根据历史上的情况，艺术这个东西，父不能传其子，夫不能传其妻，甚至师不能传其徒。当然，也不是很绝对的，也有父子相承的，也有兄弟都是作家的。这里面不一定是个传授问题，可能有个共同环境的问题。文学和表演艺术不同，表演艺术究竟有个程式，程式是可以模拟的。文学这个东西不能模拟，模拟程式，那就是抄袭，不能成为创作。我的想法，艺术性问题，至少包括三个方面：第一是生活的阅历和积累，生活的经历是最主要的;第二是思想修养;第三是文艺修养。我下面就这三个问题漫谈,没有什么系统,谈到哪儿算哪儿。

生活的阅历和积累,不是专凭主观愿望可以有的。人的遭遇不是他自身可以决定的。拿我个人来说,我就没有想到我一生的经历,会是这个样子。在青年的时候,我的想法和现在不一样。所以过去有人说:青年的时候是信书的,到老年信命。我有时就信命运。命运可以说是客观的规律,不是什么唯心的东西。我们生活在这个世界上,是受这个客观世界,受时代推动的。学生时代我想考邮政局,结果愿望没达到,我就去教书。后来赶上抗日战争,我才从事文学工作,一直到现在。就是说生活经历不是凭个人愿望,我要什么经历就有什么经历,不是那样的。从事文学,也不完全是写你自己的生活。生活不足,可以去调查研究,可以去体验。

说到思想修养,这对创作、对艺术性来说,就很重要。什么叫艺术性?既然不是技巧问题,那就有个思想问题。你作品中的思想,究竟达到什么高度,究竟达到什么境界,是不是高的境界,这都可以去比较,什么东西一比较就可以看出来。文学艺术,需要比较崇高的思想,比较崇高的境界,没有这个,谈艺术很困难。很多伟大的作家、作品,它的思想境界都是很高的。它的思想,就包含在它所表现的那个生活境界里面。思想不是架空的,不是说你想亮一个什么思想,你想在作品里表现一个什么思想,它是通过艺术、通过生活表现出来的,那才是真正的作品的思想高度和思想境界。

第三是文艺修养。我感觉到现在有一些青年人,在艺术修养这方面,功夫还是比较差,有的可以说差得很多。我曾经这样想过,"五四"以来,中国的大作家,他们读书的情况,是我们不能比的。我们这一代,比起鲁迅、郭沫若、茅盾、巴金、郁达夫,比起他们读书,非常惭愧。他们在幼年就读过好多书,而且精通外国文,不止一种。后来又一直读书,古今中外,无所不通,渊博得很。他们这种读书的习惯,可以说启自童年,迄于白发。我们可以看看《鲁迅日记》。

我逐字逐句地看过两遍。我觉得是很有兴趣的一部书。我曾经按着日记后面的书账,自己也买了些书。他读书非常多。《鲁迅日记》所记的这些书,是鲁迅在北京做官时买的。他幼年读书的情况,见于周作人的日记,那也是非常渊博的。又如郁达夫,在日本时读了一千多种小说,这是我们不可想象的。现在我们读书都非常少,读书很少,要求自己作品艺术性高,相当困难。借鉴的东西非常少,眼界非常不开阔,没有见过很好的东西,不能取法乎上。只是读一些报纸、刊物上的作品,本来那个就不高,就等而下之。最近各个地方办了读书班,我觉得是非常好、非常及时的一种措施。把一些能写东西的青年集中起来让他们读书。我们现在经验还不足,还要慢慢积累一些经验。前几天石家庄办了个读书班,里面有个学生,来信问我读书的方法。我告诉她,你是不是利用这个时间,多读一些外国作品,外国作品里面的古典作品。你发现你对哪一个作家有兴趣,哪个作家合你的脾胃,和你气质相当,可以大量地、全部地读他的作品。大作家,多大的作家也是一样,他不能网罗所有的读者,不能使所有的读者,都拜倒在他的名下。有的人就是不喜欢他。比如短篇小说:莫泊桑、都德,我也知道他们的短篇小说好,我也读过一些,特别是莫泊桑,他那短篇小说,是最规格的短篇小说,无懈可击的。但是我不那么爱好莫泊桑的短篇小说,我喜欢普希金、契诃夫、梅里美、高尔基的短篇小说。我感觉到普希金的短篇小说和契诃夫的短篇小说,合乎我的气质,合乎我的脾胃。在这些小说里面,可以看到更多的热烈的感情、境界。屠格涅夫的长篇小说,我都读过,我非常喜爱。他的长篇小说,是真正的长篇小说,规格的,无懈可击。它的写法,它的开头和结尾,故事的进行,我非常爱好。但我不大喜欢他的短篇小说《猎人笔记》,虽然那么有名。这不是说,你不喜欢它就不好。每个读者,他的气质,他的爱好,不是每个人都一样。你喜欢的,你就多读一些;不喜欢的,就少读一点。

中国的当然也应该读。中国短篇小说很多,但是我想,中国旧的短篇小说,好好读一本《唐宋传奇》,好好读一本《今古奇观》,读一本《宋人平话》,一本《聊斋志异》,就可以了。平话有好几部:有《五代史平话》《三藏取经诗话》《宋人平话》《三国志平话》。我觉得《宋人平话》最好。

我劝青年同志多读一点外国作品,我们不能闭关自守。"五四"新文学所以能发展得那么快,声势那么大,就是因为那时候,介绍进来的外国作品多。不然就不会有五四运动,不会有新的文学。我们现在也是这样。我主张多读一些外国古典东西。我觉得书(中国书也是这样),越古的越有价值,这倒不是信而好古,泥古不化。一部作品,经过几百年、几千年考验,能够流传到现在,当然是好作品。现在的作品,还没有经过时间的考验和淘汰,好坏很难以说。所以我主张多读外国的古典作品,当然近代好的也要读。

我们在青年的时候,学习文艺,主张文艺是为人生的,鲁迅当时也是这样主张的。在青年,甚至在幼年的时候,我就感到文艺这个东西,应该是为人生的,应该使生活美好、进步、幸福的。为了达到这个目的,你的作品要为人生服务,必须作艺术方面的努力。那时有一个对立的口号:为艺术而艺术。大家当时反对为艺术而艺术。但是,为人生的艺术,不能完全排斥为艺术而艺术。你不为艺术而艺术,也就没有艺术,达不到为人生的目的。你想要为人生,你那个作品,就必须有艺术,你同时也得为艺术而努力。

现在,大家都在谈文艺和政治的关系。我在读高中的时候,读了《政治经济学批判序言》,也读过《唯物论与经验批判论》和《费尔巴哈论纲》。华汉著的《社会科学概论》,是作为一门正式课程,在课堂上讲的。我们的老师好列表。为了帮助学生们理解,关于辩证法,他是这样画的:正——反——合。合,就是否定的否定。经济基础，一条直线上去，是政治、法律，又一条直线上去，是文学艺术，也叫意识形态。直到现在还是这个印象。文艺和政治不是拉在一条平行线上的。鲁迅一九二六——一九二七年在广州看到了当时的政治和文艺情况，他写了好几篇谈文艺与政治的文章，我觉得应该好好读。他在文章里谈到，"政治先行，文艺后变"。意思是说，政治可以决定文艺，不是说文艺可以决定政治。我有个通俗的想法。什么是文艺和政治的关系？我这么想，既然是政治，国家的大法和功令，它必然作用于人民的现实生活，非常广泛、深远。文艺不是要反映现实生活吗？自然也就要反映政治在现实生活里面的作用、所收到的效果。这样，文艺就反映了政治。政治已经在生活中起了作用，使生活发生了变化，你去反映现实生活，自然就反映出政治。政治已经到生活里面去了，你才能有艺术的表现。不是说那个政治还在文件上，甚至还在会议上，你那里已经出来作品了，你已经反映政治了。你反映的那是什么政治？我同韩映山他们讲，我写作品离政治远一点，也是这个意思，不是说脱离政治。政治作为一个概念的时候，你不能做艺术上的表现，等它渗入到群众的生活，再根据这个生活写出作品。当然作家的思想立场，也反映在作品里，这个就是它的政治倾向。一部作品有了艺术性，才有思想性，思想溶化在艺术的感染力量之中。那种所谓紧跟政治，赶浪头的写法，是写不出好作品的。

写"大跃进"的时候，你写那么大的红薯，稻谷那么大的产量，钢铁那么大的数目，登在报上。很快就饿死了人，你就不写了，你的作品就是谎言。文艺和政治的关系，表现在哪里？

中国古代好多学者，他们的坚毅的精神，求实的精神，对人民、对时代、对后代负责的精神，很值得我们学习。这里我想谈一些学术家们的情况。司马迁、班固、王充，他们的工作条件都是很困难的，当时的处境也不是很好的，但都写出了这样富有科学性的、对人民负责的作品。还有一个叫刘知几,他有一部《史通》。我很爱读这部书,文字非常锋利。他不怕权威。多么大的权威,他都可以批判,司马迁、班固,他都可以指责。他不是无理取闹。他对史学很有修养,他不能成为国家正式的修史人员,他把自己的学术,作为一家之言来写。文字非常漂亮,说理透彻。司马光的《资治通鉴》,是非常令人佩服的,当时没有读者,给谁看,谁都不爱看。他把这么长的历史事实,用干支联系起来。多么大的科学!李时珍的《本草纲目》,就不用说这部著作大的方面的学术价值,我举两个小例子,就可以说明这个人非常实事求是,非常尊重科学。对于人参的功能,历代说法不一,李时珍把两种说法并列在这一条目之下,使人对人参,有全面的知识。又如灵芝,这是一种了不起的药,一种非常名贵的药。但李时珍贬低这种药,说它一钱不值,长在粪土之上,怎么能医治疾病?我不懂医学,他经过多年观察,多年实践,觉得灵芝不像人们所吹嘘的那样,我就非常佩服他。王夫之写了那么多著作,如《读通鉴论》,从秦一直写到宋,每个皇帝都写了好多,那么多道理,那么多事实,事实和道理结合起来,写得那么透彻,发人深省。他的工作条件更坏,住在深山里,怕有人捉他。他写了《船山遗书》。我们的文学想搞一点名堂出来,在古人面前,我们是非常惭愧的。我们没有这种坚毅不拔的精神,我们缺乏这种科学的态度,我们缺乏对人民对后代负责的精神。中国的文学艺术和中国的历史著作是分不开的。历史著作,给中国文学开辟了道路。《左传》《史记》《汉书》,它们不完全是历史,还为文学开辟了道路。司马迁的《史记》在人物的刻画上,有性格,有语言,有情节。他写了刘邦、项羽,那样大的人物,里面没有一句空洞的话,没有把他们作为神来描写,完全当作一个平凡的人,从他们起事到当皇帝,实事求是。这对中国的文学创作有很大的影响,究竟一个人物怎么写,司马迁的方法,是科学的方法。我主张青年同志,多读一些历史书,不要光读文学书。

我最近给《散文》月刊写《耕堂读书记》,下面一个题目本来想写《汉书·苏武传》。《苏武传》写得非常好,他写苏武,写李陵,都非常入情入理。李陵对苏武的谈话,苏武的回答,经过很高的艺术提炼。李陵对苏武说的,都是最能打动苏武的话,但是苏武不为他的话所诱惑,这已经是写得非常好了。现在我们讲解这篇作品,讲完了以后,总得说班固写这个《苏武传》,或者苏武对李陵的态度,是受时代的局限,要我们批判地去看。我觉得这都是多余的话。每一个人都受时代的局限,我们现在也有时代的局限性,这样讲就是一种时代的局限性。假如班固不按他那个"局限性",而按我们的"局限性"去写《苏武传》,我敢说,《苏武传》就一点价值也没有了,也不会流传到现在。我们不要这样去要求古人,我们的读者,难道不知那是汉朝的故事?

我们应该总结我们在文学创作上的反面经验。这比正面的经验,恐怕起的作用还要大些。多年以来,在创作上,有很多反面的经验教训。我们总结反面经验教训,是为了什么?就是教我们青年人,更忠实于现实,求得我们的艺术有生命力,不要投机取巧,不要赶浪头,要下一番苦功夫。蒲松龄说,"书痴"的文章必"工","艺痴"的工艺必"良"。这是经验之谈。蒲松龄为写《聊斋》,做了很多的准备工作。《蒲松龄文集》可以说是写《聊斋》的准备,下了多大的苦功!我们要养成认真思考,认真读书,认真修改稿件的习惯。我觉得我别的长处没有,在修改稿件上,可以说是下苦功的。一篇短稿改来改去,我是能够背过的。哪个地方改了个标点,改了个字,我是能记得的。长篇小说每一章,当时我是能背下来的。在发表以前,我是看若干遍的;在发表之后,我还要看,这也许有点孤芳自赏的味道。搞文字工作,不这样不行。我曾经把这个意思,给一些青年同志讲过,有的青年有兴趣,有的没有兴趣。

我们的生活,所谓人生,很复杂,充满了矛盾和斗争,现在我们经常说真美善和假的、邪恶的东西的斗争。我们搞创作，应该从生活里面看到这种斗争，体会到这种斗争。我现在已经快七十岁，我经历了我们国家民族的重大变革，经历了战争、乱离、灾难、忧患。善良的东西、美好的东西，能达到一种极致。在一定的时代，在一定的环境，可以达到顶点。我经历了美好的极致，那就是抗日战争。我看到农民，他们的爱国热情，参战的英勇，深深地感动了我。我的文学创作，就是从这个时候开始的。我的作品，表现了这种善良的东西和美好的东西。我也遇到邪恶的极致，这就是最近的动乱的十年。我觉得这是我的不幸。在那个动乱的时期，我一出门，就看见街上敲锣打鼓，前面走着一些妇女，嘴里叼着破鞋；还有戴白帽子的，穿白袍的，带锁链的。我看了心里非常难过，觉得那种做法是一种变态心理。

看到真美善的极致，我写了一些作品。看到邪恶的极致，我不愿意写。这些东西，我体验很深，可以说是镂心刻骨的。可是我不愿意去写这些东西，我也不愿意回忆它。

我们幼年学习文学，爱好真的东西，追求美的东西，追求善的东西。那时上海有家书店叫真美善书店，是曾孟朴、曾虚白父子俩开的，出了不少的好书。幼年时，我们认为文学是追求真美善的，宣扬真美善的。我们参加革命，不是也为的这些东西吗？我们愿意看到令人充满希望的东西，春天的花朵，春天的鸟叫；不愿意去接近悲惨的东西。刚解放时有个电影，里面有句歌："但愿人间有欢笑，不愿人间有哭声。"我很欣赏那两句歌。但这是不可能的。我们的生活里面，总是有喜剧，也有悲剧吧。我们看过了人间的"天女散花"，也看过了"目连救母"。但是我始终坚信，我们所追求的文学，它是给我们人民以前途、以希望的，它是要使我们的民族繁荣兴旺的，充满光明的。我们民族是很伟大的。这一点，在这几十年的斗争生活中看到了。

凡是伟大的作家，都是伟大的人道主义者，毫无例外的。他们是富于人情的，富于理想的。他们的作品，反映了他们对于现实生活的这种态度。把人道主义从文学中拉出去，那文学就没有什么东西了。我们的作家，要忠诚于我们的时代，忠诚于我们的人民，这样求得作品的艺术性，反过来作用于时代。

作家不能同时是很有成就的政治家。我看有很多作家，在历史上，有时候也想去当政治家，结果当不成，还是回来搞文学。因为作家只能是纸上谈兵，他对于现实的看法可以影响人，但是不能够去解决人民生活的实际问题，一个时代的政治，可以决定一个时代作家的命运。

我认为，要想使我们的作品有艺术性，就是说真正想成为一个艺术家，必须保持一种单纯的心，所谓"赤子之心"。有这种心就是诗人，把这种心丢了，就是妄人，说谎话的人。保持这种心地，可以听到天籁地籁的声音。《红楼梦》上说人的心像明镜一样。文章是寂寞之道，你既然搞这个，你就得甘于寂寞，你要感觉名利老是在那里诱惑你，就写不出艺术品。所以说，文坛最好不要变成官场。现在我们有的编辑部，甚至于协会，都有官场的现象，这是很不好的。

一定的政治措施可以促进文艺的繁荣，也可以限制文艺的发展，总起来说政治是决定性的。文学的职责是反映现实，主要是反映现实中真的美的善的，古今中外的文学作品，都是这样。它也暴露黑暗面。写阴暗面，是为了更突出光明面。我们有很多年，实际上是不准写阴暗面，没有暗的一面，光明面也就没有力量，给人感觉是虚伪的。文学作品，凡是忠实于现实的，忠实于人民的，它就有生命力。公式化、概念化和艺术性是对立的。但是，对公式化、概念化我们也要做具体分析。不是说一切公式化、概念化的东西，都不起作用。公式化、概念化，古已有之。不是说从"左联"以后，从革命文学才有。蒋光慈、殷夫的作品，不能不说有些是公式化、概念化的。但是他们的作品，当时起到一定的政治宣传作用，推动了革命。"大跃进"时有很多公式化，概念化的作品。假如作者是发自真情，发自真正的革命热情，是可以起到一些作用的；假如是投机，在那里说谎话，那就任何作用也不起，就像"四人帮"后来搞的公式化、概念化。

这些年来，我读外国作品很少，我是想读一些中国的旧书。去年我从《儿童文学》上又看了一遍《丑小鸭》，我有好几天被它感动，这才是艺术品，很高的艺术品。在童话里面，充满了人生哲理，安徒生把他的思想感情，灌输进作品，充满七情六欲。安徒生很多作品用旁敲侧击的写法，有很多弦外之音，这是很高的艺术。有弦外之音的作品不是很多的。前几天我读了《诗刊》上重新发表的《茨冈》，我见到好几个青年同志，叫他们好好读读，这也就是小说，或者说是剧本，不只是诗。你读一遍这个作品，你才知道什么是现实主义，什么是浪漫主义。这才是真正的样本。

在理论方面，我们应该学点美学。多年我们不注意这个问题了，这方面的基础很差。不能只学一家的美学，古典美学，托尔斯泰的、普列汉诺夫的、卢那察尔斯基的，甚至日本那个厨川白村，还有弗洛伊德的都可以学习。弗洛伊德完全没有道理？不见得。都要参考，还有中国的钟嵘、刘勰。

现在还有很多青年羡慕文学这一行，我想经过前些年的动乱，可能有些青年不愿干这行了，现在看起来还有很多青年羡慕这一行。但对于这一行，认识不是那么清楚。不知道这一行的苦处，也看不见先人的努力。一个青年建筑工人，他给我写信，说他不能把一生的精力、青春，浪费在一砖一瓦的体力劳动上，想写剧本、写小说。这样想法不好。你不能一砖一瓦地在那里劳动，你能够一句一字地从事文学工作吗？你很好地当瓦工，积累了很多瓦工的生活、体验，你就可以从事业余的文学创作。各行各业的青年人，在本职的工作以外，业余学一点文学创作，反映他们的生活，我们的文学题材，不是就很广泛了吗？不是很大的收获吗？我希望青年同志们，不急忙搞这个东西，先去积累本身职业的生活。文学题材是互相沟通的。前些年，文学题材很狭窄。很多人，他不光想知道本阶层的生活，也想知道别阶层的生活，历史上古代人的生活，他见不到听不到的生活。这在文学上有很多例子。专于一种职业，然后从事文学，使我们文学题材的天地，广大起来。

我在上小学的时候，就很喜欢文学。我最早接触的，是民间的形式：河北梆子、各种地方戏、大鼓书。然后我才读了一些文学作品，先读的是《封神演义》，后来在村里又借了一部《红楼梦》。从小学（那时候分初级小学、高级小学），我一直爱好文学作品。在高级小学，我读了一些新的作品：文学研究会的作品，商务印书馆出的一些杂志。我上的是个私立中学，缴很多学费，它对学生采取填鸭式，叫你读书。我十九岁的时候，升入本校的高中，那时叫普通科第一部，近似文科。除去主要的课程，还有一些参考课程，包括一大本日本人著的，汤尔和翻译的《生物学精义》，有杨东莼著的《中国文化史》，有严复翻译的《名学纲要》，还有日本人著的《中国伦理学史》，冯友兰的《中国哲学史》。还叫我们学《科学概论》和《社会科学概论》。还有一些古书。在英文方面，叫我们读一本《林肯传》，美国原版的，读《泰西五十轶事》《伊索寓言》《英文短篇小说选》和《莎氏乐府本事》。在这两年的时间里，有这么些书叫你读。在中学里，我们就应该打下各方面的知识基础。当然这些知识还不是很深的，但是从事文学创作，需要这些东西。你不知道一些中国哲学，很难写好小说。中国的小说里面，有很多是哲学。你不知道中国的伦理学，你也很难写好小说，因为小说里面，要表现伦理。读书，我有这种感觉，一代不如一代。我们比起上一代，已经读书很少，现在的青年人，经过十年动乱，他们读的书就更少。在中学，我读了一些外国文学作品，那时主要读一些十月革命以后苏联的文学作品。除去《铁流》《毁灭》以外，我也读一些小作家的作品，如赛甫琳娜的，聂维洛夫的，拉甫列涅夫的，我都很喜欢。也读法国纪德的《田园交响乐》。这些作家，他们的名字至今我还记得很清楚，这说明青年时期读书很有好处。

　　抗日战争，我才正式地从事创作，我所达到的尺度很低。我写的那些东西，也不是一帆风顺的。有一些年轻的同志，对我很热情，他们还写了一些关于我的作品的分析，很多都是溢美之词。我没有那么高。自己对自己的作品，体会是比较深的。在过去若干年里，强调政治，我的作品就不行了，也可能就有人批评了；有时强调第二标准，情况就好一点。我的作品也受到过批判，在地方报纸上，整版地批判过，在全国性的报纸上，也整版地批判过。最近山东师范学院编一本关于我的专集，他们搜集了全部评论文章。他们问我，有些文章行吗？编进去吗？我说，当然要编进去，怎么能不编进去呢。作为附录好吗？我说不行，应该一样待遇。对于作品，各人都可以有各人的看法，一个时期也可以有一个时期的看法。我不把自己的作品看得那么高，我觉得我的作品是微不足道的。我们可以说个笑话，我估计我的作品的寿命，可能是五十年。当然不包括动乱的十年，它们处于冬眠状态。在文学史上，很少很少的作品才能够永远被别人记忆，大部分的作品，会被后人忘记。五十年并不算短寿，可以说是中寿。我写东西，是谨小慎微的，我的胆子不是那么大。我写文章是兢兢业业的，怕犯错误。在四十年代初期，我见到、听到有些人，因为写文章或者说话受到批判，搞得很惨。其中有的是我的熟人。从那个时期起，我就警惕自己，不要在写文章上犯错误。我在文字上是很敏感的，推敲自己的作品，不要它犯错误。最近在《新港》上重发的我的一篇《琴和箫》，现在看起来，它的感情是很热烈的，有一种生气，感染着我。可是当时我把它放弃了，没有编到集子里去。只是因为有人说这篇文章有些伤感。还有一篇关于婚姻问题的报告，最近别人给我复制出来。当时发表那个报告以后，有个读者写了一篇批评，我也跟着写了一篇检讨。现在看起来，并没有多大的问题。

我存在着很多缺点，除去一般文人的缺点，我还有个人的缺点。有时候名利二字，在我的头脑里，也不是那么干净的。"利"好像差一点；"名"就不一定能抹掉。好为人师，也是一患。

我觉得写文章，应该谨慎。前些日子我给从维熙写了一篇序言，其中有那么一段："在那个时期，我也要被迫去和那些流氓、青皮、无赖、不逞之徒、两面人、卖友求荣者、汉奸、国民党分子打交道，并且成为这等人的革命对象了。"写完之后，我觉得这段不妥当，就把它剪了下来。我们的道路总算走得很长了吧，是坎坷不平的，也是饱经风雨的，终于走到现在。古人说七十可以从心所欲。现在我们国家的政治很清明，文路广开。但是写文章就是到了七十，也不能随心所欲地写，仍然是兢兢业业的事业。前不久，有人还在威胁，要来二次、三次"文化革命"。我没有担心，我觉得那样的革命，发动不起来了。林彪、"四人帮"在这一场所谓革命中，基于他们的个人私心，几几乎把我们的国家、我们的民族毁掉，全国人民都看得很清楚。

我有幸见到我们国家现在这样好的形势，这样好的前途。有些人见不到了，比如远千里、侯金镜。"文化大革命"刚刚结束，有人传说我看破了红尘，并且传到北京去。有一次文艺界的领导同志到天津来，问我：你看破红尘了吗？我说，没有。我红尘观念很重，尘心很重。我从来也没有想到西天去，我觉得那里也不见得是乐土。你看小说，唐僧奔那儿去的时候，多么苦恼，他手下那两个干部，人事关系多么紧张。北京团城，有座玉佛，很美丽，我曾为她写过三首诗。但我并不羡慕她那种处境，虽然那地方，还算幽静。我没有看破红尘,我还要写东西。

历史证明:文坛上的尺寸之地,文学史上两三行记载,都不是容易争来的。

凡是写文章的人,都希望自己的作品能够传世。能否传世,现在姑且不谈。如果我们能够,在七十年代,把自己六十年代写的东西,再看一看,或是隔上几年,就把自己过去写的东西,拿出来再看。看看是否有愧于天理良心,是否有愧于时间岁月,是否有愧于亲友乡里,能不能向山河发誓,山河能不能报以肯定赞许的回应。

自己的作品,究竟如何,这是不好和别人争论的。有些读者,也不一定是认真读书,或是对你所写当时当地的环境,有所了解。过去,对《秋千》意见最大,说是我划错了那个女孩子的家庭成分,同情地主。这种批评,在强调阶级斗争的时候,是很厉害的,很有些"诛心"的味道。出版社两次建议我抽掉,我没有答应。我认为既是有人正在批评,你抽掉了它,不是就没有放矢之"的"了吗?前二年,出版社又再版这本书,不再提这篇文章,却建议把《钟》《一别十年同口镇》《懒马的故事》三篇抽去。理由是《钟》的男主人公有些自私,《一别十年同口镇》没有写出土改的轰轰烈烈、贫农翻身的场面,《懒马的故事》写了一个落后人物,和全书的风格不协调。我想,经过"文化革命",这本书有幸得以再版,编辑部的意思,恐怕是要它面貌一新吧。我同意了,只是在后记中写道,是遵照编辑部的建议。

现在所以没有人再提《秋千》,是因为我并没有给她划错成分,同情那个女孩子,也没有站错立场。至于《钟》的男主人公,我并不觉得他有什么自私,在那种情况下,我们能要求他怎样做呢?《一别十年同口镇》写的是一九四七年春季的情况。老区的土改经过三个阶段,即土改、平分、复查。我写的是第一次土改,那时的政策是很缓和的。在我写的时候,我已经知道要进行平分,所以我也发了一些议论。这些情况，哪里是现在的同志们所能知道的呢。它当年所以受到《冀中导报》的批判，也是因为它产生在两次政策变动之间的缘故。

至于《懒马的故事》之落后，我想现在人们也会不以为意了。

《钟》仍然保存在《村歌》一书中，其余两篇如有机会，我也想仍把它们收入集内。

过去强调写运动，既然是运动，就难免有主观、有夸张、有虚假。作者如果没有客观冷静的头脑，不作实际观察的努力，是很难写得真实，因此也就更谈不上什么艺术。

文章写法，其道则一。心地光明，便有灵感，入情入理就成艺术。

要想使文学艺术提高，应该经常有一些关于艺术问题的自由讨论。百花齐放这个口号，从来没有人反对过，问题是实际的做法，与此背道而驰，是为丛驱雀的办法。过去的文学评论，都是以若干条政治概念为准则，以此去套文艺作品，欲加之罪，先颁恶名——毒草，哪里还顾得上艺术。而且有不少作品，正是因为艺术，甚至只是一些描写，招来了政治打击。作家在这种情况下，是不能争鸣的，那将越来越糟。有些是读者不了解当时当地的现实而引起，作者也不便辩解，总之，作者是常常处于下风的。

解放初，我曾和几个师范学校的学生，通信讨论了一次《荷花淀》。《文艺报》为了活泼一下学术风气，刊登了。据负责人后来告诉我：此信发出后，收到无数詈骂信件，说什么的都有。好在还没惹出什么大祸，我后来就不敢再这样心浮气盛了。

有竞争，有讨论，才能促使艺术提高。

清末缪荃荪辑了一部丛书，叫《藕香零拾》，都是零星小书。其中有一部《敬斋泛说》，是五代人作的。有一段话，我觉得很好，曾请曾秀苍同志书为小幅张贴座右。其文曰：

> 吾闻文章有不当为者五：苟作一也，徇物二也，欺心三也，蛊俗四也，不可以示子孙五也。今之作者，异乎吾所闻矣，不以所不当者为患，惟无是五者之为患。

所以我不主张空谈艺术。技法更是次要的。应该告诉青年们为文之道。

一九七六年秋季，我还经历了大地震。恐怖啊！我曾想写一篇题名《地震》的小说，没有构思好。那天晚上，老家来了人，睡得晚了一些，三点多钟，我正在抓起表看时间，就震了起来。我从里间跑到外间，钻在写字台下。等不震了，听见外面在下雨，我摸黑穿上雨衣、雨鞋，戴好草帽，才开门出去。门口和台阶上都堆满了从房顶震塌下来的砖瓦，我要往外跑，一定砸死了。全院的人，都在外面。我是最后出来的一个人。

地震在史书上，称作灾异，说是上天示儆。不是搞迷信吗？我甚至想，这是林彪、"四人帮"之流伤天害理，倒行逆施，达到了神人共愤，天怒人怨的程度，才引起的。我这个人遇见小事慌乱，遇见大灾大难，就麻木不仁，我在院里小山上搭了一个塑料薄膜小窝棚，连日大雨，不久，就又偷偷到屋里来睡了。我想，震死在屋里，也还算是"寿终正寝"吧。

所谓文学上的人道主义，当然不是庸俗的普度众生，也是惩恶劝善。它指的是作家深刻、广泛地观察了现实，思考了人类生活的现存状态，比如社会关系、社会意识，希望有所扬弃。作家在作品中，通过对社会生活的刻画，对典型人物的创造，表达他这种理想。他想提高或纯净的，包括人类道德、理想、情操，各种认识和各种观念。但因为这种人道主义，创自作家，也常常存在缺点、弱点，会终于行不通,成为乌托邦。人道主义的作品,也不是千篇一律的。陀思妥耶夫斯基是伟大的现实主义作家,他的人道主义表现为一种不健康的形式。我只读过他一本《穷人》,别的作品,我读不下去。作家因为遭遇不幸,他的神经发生了病态。

只有真正的现实主义作家,才能成为真正的人道主义者。而一旦成为伟大的人道主义者,他的作品就成为伟大的观念形态,这种观念形态,对于人类固有的天良之心,是无往而不通的。这里我想举出两篇短作品,就是上面提到的安徒生的《丑小鸭》和普希金的《茨冈》。这两篇作品都暴露了人类现存观念的弱点,并有所批判,暗示出一种有宏大节奏的向上力量。能理解这一点,就是知道了文学三昧。

一九八〇年三月二十七日

答吴泰昌问

问：请谈谈生养您的环境和经历，是否有效地促使您成为一名作家，并在您的创作上留下怎样的印记？

答：你从我写的自传和一些回忆散文中，可以知道，我的家庭，我的少年经历，都是很平凡的。有一段时间，虽也有志于文学，但所得实在有限，不足以糊口，所以知难而退，到乡村教书去了。但是，从一九三七年的抗日开始，我经历了我们国家不同寻常的时代，这可以说是一个伟大的时代，我有幸当一名不太出色的战士和作家。这一时代，在我微薄的作品收获中，占了非常突出的地位。

问："当我写第一篇小说的时候"——这个题目您有兴趣谈谈吗？

答：我写的第一篇小说，发表在保定育德中学的校刊《育德月报》上，时间大概是一九二九年。那确实是一篇小说，因为这个月刊的文艺编辑是我的国文老师谢采江先生，他对文体要求很严，记得一次他奖许我另一篇作文，我问他是否可以发表，他说月刊上只登短篇小说，这一篇是散文，不好用。但是那篇小说的题目我忘记了，内容记得是写一家盲人的不幸。我的作品，从同情和怜悯开始，这是值得自己纪念的。第二篇发表的是写一个女戏子的小说，也是写她的不幸的。

问：您在《文学和生活的路》一文中说,伟大的作家都是伟大的人道主义者,如果把人道主义从文学中抽掉,那文学就没有什么东西了。请您更详细具体地说说文学与人道主义的关系,您理解的人道主义包含哪些具体内容,您是否认为有一种普遍的属于人类本性的人道主义?

答：所谓人性、人道,对于人类来说,应当是泛指的,是一种共性。人道主义,是一种广泛的道德观念,它是人类生活,人类文明,进化到一定阶段的产物。人类,由于共同生活的必需,产生和发展它的道德、伦理观念。这种观念在现实生活中的长久实施,以及牢固地存在于人类头脑之中,似乎可以形成一种有遗传能力的"染色体"。即使是幼小的孩童,从他们对善恶的判断和反应之中,可以看出这种观念的先天性。人道观念和其他道德观念一样,可以因后天的环境、教育,外界影响,得到丰富、加强,发扬光大;反之,也可以遭到破坏,减损,甚至消失。中国古代哲学家,从人类的进化和完善着眼,一贯把性善作为人的本性,肯定地提出。

事实是,决定人类道德观念的,是人类的社会组织、经济生活、政治宗教、法制教育。经济生活占其中主导地位。经济生活的破产,常常使道德沦丧。此外,异族统治、社会动乱、反动政治,也可以使道德低落。经济生活的富裕,文化教育的提高,则可以提高人类的道德。当然,这只是就其大体而言。道德之演进,如大江之行,回旋起伏,变化万端,激浊扬清,终归于进步。如异族统治,固使一部分人道德下降,但也激励另一部分人,使之上升。

文学艺术,除去给人美的感受外,它们都是人类社会的一种教育手段,即为了加强和发展人类的道德观念而存在。文学作品不只反映现实,而是要改善人类的道德观念,发扬一种理想,所以说,凡是伟大的作家,都是伟大的人道主义者。例如《红楼梦》,就是一部伟大的人道主义作品。它的主题,就是批判人性、解放人性,发扬人性之美。详见我写的《〈红楼梦〉杂说》。

问：文学与自传的关系历来看法不一，很想听听您的意见？

答：当然，有很多文学作品，含有作者自传的性质，但不能说，一切作品都是作家的自传。作家创作方法的不同，也能区别自传成分的多寡。

我的作品单薄，自传的成分多。

问：孙犁派（或叫荷花淀派）是公认的我国当代文学园地里一个有影响、有成就的文学流派，河北、天津一带许多作者的创作受您的影响，有意学习甚至模仿您的风格，但成功的似乎不多，这是为什么？请您顺此谈谈风格流派形成的要素与学习、创新等问题。

答：记者同志，你知道，我不会狂妄到，以我那么浅薄的作品，这么一点点成就，就大言不惭地承认有了一个什么派。我一贯是反对"派性"的，当然这是学术。一些热情的同行们，愿意活跃一下学术空气，愿意爱好相同的同志们聚在一起热闹热闹。确实，我们冷清了很多年，也应该热闹热闹了。

同志们提出这样一个问题的心情，我是理解的。在"文化大革命"以前，有人提出这个问题时，我则极力制止之。现在情况不同了，我不愿给同志们泼冷水。但是，以我看，这个所谓流派，至少是目前还没有形成。将来能不能形成？我看希望也不会很大的。

在中国的文学史上，以某一个人形成一个流派的史实很少。即使像李白、杜甫那样名垂千古的大作家，在当时也没有流派之说。唐诗无流派，而名家辈出，风格多样，诗坛繁荣。散文方面，唐宋八家，也是各自为战，未立门墙。"五四"以后，鲁迅先生及其他几位大作家，在文坛上，都是星斗悬天，风靡一代，也没听说哪一个曾有流派产生。虽也有时集会结社，但多为期不长，即行分化。在文学史上，当然有以地区命名的江西诗派、公安、竟陵以及桐城，这些流派，是以文学上的共同主张，文字上的共同习尚相标榜。它们的出现，对于当时文学发展，是向前推进呢，还是阻碍其前进？起扩张作用，还是起局限作用？如果只是形成一种类似的文体、文风，则其价值就有限了。唐无流派，而诗的成就那样大，明清多流派，而文章越来越猥琐卑弱。看来，中国人，不习惯流派，我们封建观念重，一有流派，即易被认为门户，而门户对内是局限，对外是隔阂。

至于说学习、影响，那是另一回事，与流派无关，任何事业，年轻的一代，总是要受前人的影响，或因为爱好，向某一位老的同行学习。文学究竟不同于演剧、绘画，即使是演剧、绘画，也要在同一流派之中，不断推陈出新，才能发展进步。在文学上，以一人之藩篱，囿自己之身手，虽中人不取，况作家乎？

风格的形成，包括两大要素，即时代的特征和作家的特征。时代特征的细节是：时代的思想主潮，时代的生活样式，时代的观念形态。作家特征的细节是：个人的生活经历，个人性格的特征，个人的艺术师承爱好。以上种种，都不是能强求一致，每个人都会有所不同的。所以说风格是不能模仿的。如只求其貌似，那只能对创作起束缚的作用。

文学的模仿，也是不可避免的，这只能说是学习阶段。应该很快从这种幼稚状态摆脱出来，发挥自己的特点，形成自己的风格。因此，我对一些初期好像学习我后来离开我，另辟宽广途径的同志，总是抱鼓励的态度，并衷心感到高兴。任何事情，不能死心眼，抱住一个人或一种作品不放。我总是鼓励一些青年同志从我这里跳得更高一点，走得更远一点。这样才能使他们自己的作品，获得更多的生命的活力。

如果说流派，是只能从上面的原则，才能形成。因此，我对流派，也不抱虚无的态度。如果在我菲薄的才能之后，出现大才；如果在小溪之前，出现大流，而此大流，不忘涓涓之细，我就更感到高兴了。

我以为文人宜散不宜聚，一集中，一结为团体，就必然分去很多精力,影响写作。散兵作战,深山野处,反倒容易出成果,这是历史充分证明过的。

问:您最喜爱自己的哪几篇作品?为什么?

答:现在想来,我最喜欢一篇题名《光荣》的小说。在这篇作品中,充满我童年时代的欢乐和幻想。对于我,如果说也有幸福的年代,那就是在农村度过的童年岁月。

问:您最初接触的是哪个作家的作品?喜欢阅读中外哪些作家的作品?它们对您艺术风格有无影响?

答:我第一次读到的"五四"以后的新的文学作品,是一本灰色封面,题名《隔膜》的短篇小说集。这是文学研究会的文学丛书之一,由商务印书馆出版,但是,我忘记了它是叶绍钧一人的专集呢,还是几位作家的合集。这一本书,使我知道了中国新的短篇小说的样式。

中外作家之中,我喜爱的太多了。举其对我的作品有明显影响者。短篇小说:普希金、契诃夫、鲁迅。长篇小说:曹雪芹、果戈理、屠格涅夫。

问:您的长篇小说《风云初记》、中篇小说《铁木前传》普遍受到称赞,可惜都是未完成之作,为什么会造成这种情况?当初写"初记""前传"时,是否准备续写"后记""后传"?人们关心您是否打算续写《铁木后传》?

答:已经忘记,在写这两本书之前,是否有雄心壮志,要写几部几部。但确实因为没有全部完成,所以只好标题为"初记"和"前传"。实事求是地说,《风云初记》没有写完,是因为我才情有限,生活不足。你看这部作品的后面,不是越写越散了吗?我也缺乏驾驭长篇的经验。《铁木前传》则是因为当我写到第十九节时,跌了一跤,随即得了一场大病,住疗养院二三年。在病中只补写了简短的第二十节,草草结束了事。

在"文化大革命"期间,我家前后被抄六次,其中至少有三次,是借口查抄《铁木后传》的。造反派如此器重这部莫须有的文稿，使我一家人，百口莫辩。直到现在，我的书柜的抽屉还存在被铁器撬开的裂痕。这些人是为了判决我的罪名来找这部文稿的。在当时，一本"前传"，已经迫使我几乎丧生，全家惶惶。我想，如果我真的写出了"后传"，完成了它，得到了创作的满足，虽死无怨，早已经双手献出，何劳兴师动众呢？

现在大家关心这部"后传"，情况当然不同。但还是没有。对于热心的读者，很可能要成为我终身的憾事了。

问：您现在为什么不能把它写出来呢？

答：我的想法是：在中国，写小说常常是青年时代的事。人在青年，对待生活，充满热情、憧憬、幻想，他们所苦苦追求的，是没有实现的事物。就像男女初恋时一样，是执着的，是如胶似漆的，赴汤蹈火的。待到晚年，艰辛历尽，风尘压身，回头一望，则常常对自己有云散雪消、花残月落之感。我说得可能消极低沉了一些，缺乏热情，缺乏献身的追求精神，就写不成小说。

与其写不好，就不如不写。所以，《铁木后传》一书，是写不出来了。

我现在经常写一些散文、杂文。我认为这是一种老年人的文体，不需要过多情感，靠理智就可以写成。青年人爱好文学，老年人爱好哲学。

问：平日写作之外，您作何消遣？

答："文革"期间，我听过无数次对我的批判，都是不实或隔靴搔痒之词，很少能令人心服。惟有后期的一次会上，机关的革委会主任王君说："这么多年，你生活上，花鸟虫鱼；作品里面，风花雪月。"

我当时听了，确实为之一惊。这算触及灵魂了吧？王君虽"主任"这一新闻机关的革命大权，但他是部队出身，为人直爽，能用十六个字，概括我的罪行，我想他不一定有这般能力，恐怕是他手下人替他总结出来的。

这是有踪影的判词。进城以后，街上繁华、混乱、嘈杂，我很少出门，就养些花儿草儿。病了以后，我的老伴，又陪我到鸟市，买了一个鸟笼，两只玉鸟。蝈蝈也养过，鱼也养过，也钓过。但所养的花，"文革"一开始，就都被别人搬走，鸟也不知去向，虫死鱼亡，几与主人共命。

我养什么也没有常性，也不钻研养法，也不吸取别人经验，又舍不得花很多钱，到终了什么也弄不出名堂来。

其实，写作本身，对我来说，就是最大的最有效的消遣。我常常在感到寂寞、痛苦、空虚的时刻进行创作。我的很多作品，是在春节、假日、深夜写出来的。新写出来的文字，对我是一种安慰、同情和补偿。每当我诵读一篇稿件时，常常流出感激之情的热泪。确实是这样，在创作中，我倾诉了心中的郁积，倾注了真诚的感情，说出了真心的话。在过去的漫长岁月中，烽火遍地，严寒酷暑，缺吃少穿，跋涉攀登之时，创作都曾给我以帮助、鼓励、信心和动力。只有动乱的十年，我才彻底失去了这一消遣的可能，所以我多次轻生欲死。

修补旧书，擦摩小玩意儿，也是我平日的一种消遣方法。

我不会养生之道，也不相信，单凭养而可以长生，按照我的身体素质，我已经活得够长了。我现在不大愿意回顾我年轻时代写的作品，偶然阅读一些，我常常感到害羞。在年轻时代，我说了多少过分热情的，过分坦率的，不易为人了解的，有些近于痴想梦呓的话语啊！

问：现在有人提出，文学（尤其是小说）的首要任务不是写人物，塑造典型性格，而是要着重表现人的感受、情绪，您怎样看这个问题？

问：现在一些作家，如王蒙等，在运用西方"意识流"等表现手法，对这种探索议论不一，您认为应该怎样看待这种文学现象？

答：因为我有些想法，已经散见于我近日写的其他文章之中，此处从略。

一九八〇年九月十六日答讫

致 丁 玲

丁玲同志：

刚刚邹明同志带来了您的信，我读了以后，热泪盈眶。这些日子，我和我的同事们，焦急地等待您的信，邹明同志几乎每天到我这里问：

"你看丁玲同志的信，不会出问题吧？"

我总是满有信心地安慰他：

"不会的。丁玲同志既然答应了我们，一定会给我们寄来的。不过她已经那么大年纪，约稿的又那么多，过两天一定会给我们寄来的。丁玲同志是重感情的，绝不会使我们失望的。"

信，今天果然收到了。我们小小的编辑部，可以说是举国若狂，奔走相告。您的信又写得这样富有感情，有很好的见解。您的想法，我是完全赞同的，我们这些年龄相仿的人，都会响应您的号召的。

我自信，您是很关心我们这一代作家的，也很了解我们的。不只了解我们的一些优长之处，主要是了解我们的缺短之处。我们这一代人，现在虽然也渐渐老了，但在三十年代，我们还是年轻人的时候，都受过您在文学方面的强烈影响。我那时崇拜您到了狂热的程度，我曾通过报纸杂志，注视你的生活和遭遇，作品的出版，还保存了杂志上登载的您的照片、手迹。在照片中，印象最深的，是登在《现代》上的,您去纱厂工作前,对镜梳妆,打扮成一个青年女工模样的那一张,明眸皓腕,庄严肃穆,至今清晰如在目前。这些材料,可惜都在抗日战争和土地改革时期丢失了。

  我有很多缺点,不够勤奋,在文学事业上成就很小。又因为多年患病,使我在写作大部书的方面,遇到不少的困难。我还有容易消沉的毛病,这也是您很了解的,并时常规诫我。但是,这些年来,我的遭际虽然也够得上是残酷的了,可我并没有完全灰心丧志。文学事业不断鼓励我,使我做了力所能及的工作。最近两年,我每年可以写一本散文集,今年将要出版的,名叫《秀露集》,出版后一定寄呈,请您指教。

  成绩虽然小,但在说实话、做实事方面,我觉得是可以问心无愧,也不辜负您对我们的教导的。对于创作,我是坚信生活是主宰,作家的品质决定作品的风格的。在我写的一些短小评论中,都贯彻着我这些信念。

  丁玲同志,我近来很忙,又时常晕眩,今天收到您的信又非常激动,请容许我先写这么一封信,以后再详细谈吧!

  祝您

  健康长寿!祝

  陈明同志身体健康!

孙　犁
一九八〇年十一月二日
上午十二时天津

关于我的琐谈

——给铁凝的信

铁凝同志：

二月十九日信，今天下午收到。说实话，我在年轻时，是很热情的。一九三九年，我在晋察冀通讯社工作，每天给通讯员写信，可达数十封。加里宁说，热情随着年龄，却是逐年衰退的。现在老了，很不愿写信。我的孩子们来信，我很少回信，她们当然可以原谅我。但有些朋友，就不然了。来了两封信，并无要紧事，我没有及时答复，就多心起来，认为是"从来没有的"事。他不想一想，一个七十岁多病的人，每天要生火，要煮饭，要接待宾朋，要看书写东西，哪能每封来信都及时回复呢！人老了，确实没有那么多的精力了。

我对友人，都一视同仁，从不厚此薄彼，更不会因为这一个去得罪那一个。

你看过《西游记》，一路之上，两位高徒互讲谗言，唐僧俯耳听之，还时常判断错误。我是凡人，办法是一概不听，而且非常不愿意听这些谈论别人是非的话。我愿意听些愉快的事，愉快的话。或论文章，或谈学术，都是能使人心胸开阔，精神愉快的。

有些关于我的文章，起了副作用。道听途说，东摘西凑，都说成是我的现实，我的原话。其实有些事，是我几十年前才能做的。这样就引来很多信件、稿件、书籍，叫我看。我又看不了多少，就得罪人。对写那些访问记的人，也没有办法。想写个声明，又觉得没有必要。

例如有些访问记，都说我的住处，高墙大院，西式平房，屋里墙上是名人字画，书橱里琳琅满目，好像我的居室是奇花异草，百鸟声喧的仙境。其实大院之内，经过动乱和地震，已经是断壁颓垣，满地垃圾，一片污秽。屋里门窗破败，到处通风，冬季室温只能高到九度，而低时只有两度。墙壁黝暗，顶有蛛网。也堆煤球，也放白菜。也有蚊蝇，也有老鼠。来访的人，能看不到？但他们都不写这些，却尽量美化我的环境。最近因为有人透出我的住址，有一个青年就来信说，可能到我家来做"食客"。你想，我自己都想出家化缘，他真的要来了，将如何办理？

另有一个青年，来采访我的业余生活。观察半日，实在找不到有趣的东西，他回去写了一篇印象记，寄给我看，其中警句为：

"我从这位老人那里，看到的只是孤独枯寂，使我感到，人到老年，实在没有什么乐趣。因此我想，活到六十岁，最好是死去！"

并叫我提意见，我把最后两句，给他删掉了。

我还要活下去呀！因为我想：我从事此业，已五十年。中间经过战争、动乱、疾病，能够安静下来，写点东西，还是国家拨乱反正以后，最近几年的事。现在我不愁衣食，儿女成人，家无烦扰，领导照顾，使安心写点文章，这种机会，是很难得的，我应该珍视它。虽然时间是很有限了。我宁可闭门谢客，面壁南窗，展吐余丝，织补过往。毁誉荣枯，是不在意中的了。

最近《文汇报》发了我的一封信，不知见到否？

我身体不好，心情有时也很坏。最近写了几篇小说，你如能见到，望批评之。

你写的那篇散文《我有过一只小蟹》，谢大光已经给我介绍过，登出来，我一定看。就说你近年的作品吧，我本想找个心境安静的时候，统统看一遍，而一直拖着，我想你就不会怪罪我，我却时常感到不安。此外，别人的作品，压在我这里的还有很多，我都为之不安，但客观情况又如此，我希望能得到谅解。而有些人，平日称师道友，表示关怀，稍有不周，便下责言，我所以时有心灰意冷之念也。当然这是不应该的。

总之，我近来常感到名不副实的苦处，以及由之招来的灾难。

春天，你如能来津，我很欢迎！我很愿意见到你！

祝

好

孙　犁

一九八二年二月二十一日晚灯下

关于编辑工作的通信

××同志：

　　承问关于编辑的事，拖延已久，现溽暑稍退，敬答如下：

　　我编过的刊物有：一九三九年晋察冀通讯社编印的《文艺通讯》；一九四一年晋察冀边区文联编印的《山》。以上二种刊物，都系油印。一九四二年《晋察冀日报》的副刊，以及此前由晋察冀边区文协编的《鼓》，也附刊于该报。一九四六年在冀中区编《平原》杂志，共六期。一九四九年起，编《天津日报》文艺周刊，时间较长。

　　这些刊物，无赫赫之名，有的已成历史陈迹，如我不说，恐怕你连名字也不知道，但对我来说，究竟也是一种工作，也积累了一定经验。

　　我编辑的刊物虽小，但工作起来，还是很认真负责的。如果说得具体一点，我没有给人家丢失过一篇稿件，即便是很短的稿件。按说，当编辑，怎么能给人家把稿子弄丢呢？现在却是司空见惯的事，特别是初学者的稿子，随便乱丢乱放，桌上桌下，沙发暖气片上，都可以堆放。这样，丢的机会就很多了。

　　很长时间，我编刊物，是孤家一人。所谓编辑部，不过是一条土炕，一张炕桌。如果转移，我把稿子装入书包，背起就走，人在稿存，丢的机会也可能少一些。

丢失稿件，主要是编辑不负责，或者是对稿件先存一种轻视之心。

我一生，被人家给弄丢过两次稿件，我一直念念不忘，这可能是自己狭窄。一九四六年在河间，我写了一篇剧评，当面交给《冀中导报》副刊的编辑，他要回家午睡，把稿子装在口袋里。也不知他在路上买东西，还是干什么，总之把稿子失落在街上了。我知道后，心里很着急，赶紧在报上登了一个寻物启事。好在河间是个县城，人也不杂，第二天就有人把稿子送到报社来了。一九八〇年，上海一家杂志社的主编来信约稿，当时手下没有现成的，我抄了三封信稿寄给他，他可能对此不感兴味，把稿子给弄丢了。过了半年，去信询问，不理；又过了半年，托人去问，说"准备用"。又过了半年，见到了该杂志的一位编辑，才吐露了实情。

我得到的经验是：小稿件不要向大刊物投，他那里瞧不起这种货色；摸不清脾气的编辑，不要轻易给他寄稿；看见编辑把我交给他的稿件，随手装进衣服口袋时，要特别嘱咐他一句：装好，路上骑车不要掉了！特别是女编辑，她们的衣服口袋都很浅。她们一般都提着一个手提包，最好请她把稿子装在手提包里。但如果她的手提包里已装满点心、酱肉之类，稿件又有被油污的危险。权衡轻重，这就顾不得了。

有各式各样的刊物，有各式各样的编辑。有追求色情的编辑，有追求利润的编辑，有拉帮结伙的编辑。这些人，各有各的志趣，常常做出一些令人难以理解的事情来。投稿前，必须先摸清他们的脾胃。

我的习惯，凡是到我手下的稿件，拆封时，注意不要伤及稿件，特别不要伤及作者的署名和通讯处。要保持稿件的清洁，不要给人家污染。我的稿子，有时退回来，稿子里夹杂着头发、烟丝、点心渣，我心里是很不愉快的。至于滴落茶水，火烧小洞，铅笔、墨水的乱涂乱抹，就更使人厌恶了。推己及人，我阅读稿件，先是擦净几案，然后正襟危坐。不用的稿子，有什么意见，写在小纸条上，不在稿件上乱画。

我不愿稿件积压在手下，那样就像心里压着什么东西。我总是很快地处理。进城以后，我当了《天津日报》的"二副"——副刊科的副科长，职责是二审。看初稿的同志，坐在我的对面，他看过一篇稿子，觉得可用，就推到我面前。我马上看过，觉得不好，又给他推了过去。这种简单的工作方式，很使那位同志不快。我发觉了，就先放一下，第二天再还给他。

我看稿子，主要是看稿件质量，不分远近亲疏，年老年幼，有名无名，或男或女。稿件好的，立即刊登，连续刊登，不记旧恶，不避嫌疑。当然，如果是自己孩子写的作品，最好不要在自己主编的刊物上发表。

刊物的编辑，如果得人，人越少越好办事。过去，鲁迅、茅盾、巴金、叶圣陶办刊物，人手都很少。现在一个刊物的机构，层次太多。事情反倒难办，也难以办好了。我年轻时投稿，得到的都是刊物主编的亲笔复信，他们是直接看初稿的，从中发现人才。

我不大删改来稿，也不大给作者出主意修改稿件，更不喜欢替人家大段大段做文章。只是删改一些明显的错字和极不妥当的句子。然后衔接妥帖。我也不喜欢别人大砍大削我的文章，不能用，说明理由给我退回来，我会更加高兴些。有一次，我给北京一家大报的副刊，寄去一篇散文，他们为了适应版面，削足适履地删去很多，文义都不衔接了。读者来信质疑，他们不假思索地把信转来，叫我答复。我当即顶了回去，请他们自己答复。

现在有些人，知识很少，但一坐在编辑位置上，便好像掌握了什么大权，并借此权图谋私利，这在过去，是很少见的现象。

我当编辑时，给来稿者写了很多信件，据有的人说，我是有信必复,而且信都写得很有感情,很长。有些信件,经过动乱,保存下来的很少。我自己听了,也感慨系之。

进城以后不久,我就是《天津日报》的一名编委,三十二年来,中间经过六任总编,我可以说是六朝元老,但因为自己缺乏才干,工作不努力,直到目前,依然故我,还是一名编委,没有一点升迁。现在年龄已到,例应退休,即将以此薄官致仕。其他处所的虚衔,也希望早日得到免除。

就是这个小小的官职,也还有可疑之处。前不久,全国进行人口普查,我被叫去登记。工作人员询问我的职务,我如实申报。她写上以后,问:

"什么叫编委?"

我答:

"就是编辑委员会的委员。"

她又问:

"做哪些具体工作?"

我想了想说:

"审稿。"

她又填在另一栏里了。

但她还是有些不安,拿出一个小册子对我说:

"我们的工作手册上,没有编委这个词儿。新闻工作人员的职称里,只有编辑。"

我说:

"那你就填作编辑吧。"

她很高兴地用橡皮擦去了原来写好的字。

在回来的路上,我怅怅然。看来,能登上仕版官籍的,将与我终老此生的,就只是一个编辑了。

在我一生从事的三种工作(编辑、教员、写作)里,编辑这一生涯,确实持续的也最长，那么就心安理得地接受承认吧。

以上说的，都是过去的事。有些近于自我吹嘘，意在介绍一点正面经验。很多事，我现在是做不来了。

种瓜得瓜，种豆得豆，这是自然现象。人生现象，则不尽然。时间如流水一般过去了。过去，我当编辑，给我投稿的人，现在有很多已经是一些大刊物的编委或主编了。其中有些人，还和我保持着旧谊，我的稿子给他投了去，总是很热情负责的。例如在北京某大报主编文艺副刊的某君，

最近我给他寄去一篇散文，他特地给我贴了两份清样来，把我写错的三个字都改正了，使我非常感动。

但在旧友之中，也发生过不愉快的事。去年，我试写了一组小说，先寄给北京一位作家，请他给我看看，在当前形势下，是否宜于发表，因为他身处京师，消息灵通。他来信表示，要删掉一些字句，并建议我把三篇小说，合为一篇，加强故事性。我去信说：删改可以，但把三篇合为一篇，我有困难。请他把稿子转交另一位朋友，看后给我寄回来。

正当此时，上海一家刊物听说我写了小说，电报索稿，我就把家里的三篇原稿，加上新写的两篇，寄去了。北京的友人，忽然来信，说他参加编辑的刊物要用此稿。我当即复信给他，说不能这样办了，因为稿子已经给了上海。但他们纠缠不已，声称要垄断我的稿子。以上内容的信件，我先后给他们写了五封，另外托人打了两次长途电话，一次电报，均无效。我不知他们要闹成什么样子，只好致函上海刊物停发。最后，北京那家刊物竟派了两个同志，携带草草排成的小样，要我过目。我当即拒绝这种屈打成招的做法，并背对背地，对我那位友人，大发一通牢骚。

我心里想，当初你们给我投稿，我对你们的稿件，是什么态度？对你们是如何尊重？现在，你们对待我的稿件，对待我，又是如何

的不严肃，近于胡闹？其实，这都是不必要的，后悔不已。

近年，我的工作，投稿多于编辑。在所接触的编辑中，广州一家报纸的副刊，给我的印象最深刻。稿件寄去，发表后，立即寄我一份报纸，并附一信。每稿如此，校对尤其负责。我是愿意给这样的编辑寄稿的。按说，这些本来都是编辑工作的例行末节，但在今天遇到这种待遇，就如同见到了汉官威仪，叫人感激涕零了。

亲爱的同志，回忆我的编辑生涯，也是不堪回首的。过于悲惨的事，就不必去提它了。就说十年动乱后期吧，我在报社，仍作见习编辑使用，后来要落实政策了，当时的革委会主任示意，要我当"文艺组"的顾问，我一笑置之。过了一个时期，主任召见我，说：

"这次不是文艺组的顾问，是报社的顾问。"

我说：

"加钱吗？"

他严肃地说：

"不能加钱。"

"午饭加菜吗？"

他笑了笑说：

"也不加菜。"

"我不干。"我出来了。

但"市里"给我"落实"了政策，叫我当了《天津文艺》的编委，这个编委，就更不如人了。一次主编及两位副主编召我去开会，我奉命唯谨地去了，坐在一个角落里。会开完了，正想站起来走，三位主编合计了一下，说：

"编委里面，某某同志写稿很积极，惟有孙某，一篇也还没有写过，难道要一鸣惊人吗？"

说完，三个主编盯着我，我瞠目以对，然后一语不发，走了出来。

后来，揪出了"四人帮"，那位主编下台了。我给这家刊物写了一篇散文，那两位仍在管事，先是要我把散文分做两篇，他们挑一篇；然后又叫我把不是同一年代发生的事，综合成一件事。我愤怒了，又喊叫一通，把稿子收了回来。

总之，对待作者，对待稿子，缺乏热情，不负责任，胡乱指挥的编辑，要他编出像样的刊物来，是不可能的。

在过去很长的年月里，我把编辑这一工作，视作神圣的职责，全力以赴。久而久之，才知道这种工作，虽也被社会看作名流之业，但实际做起来，做出些成绩来，是很不容易的。有人把它看作敲门之砖，有人把它看作高升之阶。你是个老实人，也很可能被人当作脚踏的砖石，炫耀的陪衬。比如被达官显宦、作家名流拉去，一同照个相，做个配角。对于这些，你都要看得开些，甚至躲开一些。不与好利之徒争利，不与好名之徒争名。不要因为别人说你的工作伟大，就自我膨胀；不要因为别人说你的工作渺小，就妄自菲薄。踏踏实实，存诚立信，做好本职工作。流光易逝，砖石永存，上天总不会辜负你的。虽然这是近于占卜的话。

现在，刊物不是太少，而是太多了，而且方兴未艾，有增无减。在艺术宫殿值班的神，不是绿衣少年，就是红妆少女。这是一种艺术繁荣的景象。你正当壮年，应该继往开来，承上启下，把编辑工作的好传统，例如鲁迅、茅盾的传统，发扬而光大之。我写到的几件旧事，也并非心怀不满，意图发泄，不过举一些例证作为教训。

写到这里，已近深夜，而窗外蝉鸣不已，想到不应该再唠叨下去，浪费你的宝贵时光了。即祝安好吧！

孙　犁
一九八二年八月十二日下午
至十三日下午

关于小说《蒿儿梁》的通信

繁峙县地方志编纂委员会：

你们在八月三十日写给我的一封信，收到了。直到今日才能给你们复信，请原谅。收到这封信后，使我深深地陷入年月久远的回忆中，有很多感想，一时整理不出一个头绪，因此动笔倒迟了。

一九四三年秋季，我从《晋察冀日报》（我在那里编副刊）调到了华北联合大学教育学院的高中班去教国文。这次调动，可能是李常青同志提议的，他那时任教育学院的院长。他曾在晋察冀北方分局宣传部负责，我自一九三九年到达边区以后，一直在他的领导下工作。

到了高中班以后，本来那里的教员们有一个宿舍大院，但我一向孤僻，我自己在村北边找了一个人家住下。别的记不得了，只记得在屋中间搭了一扇门板，作为床铺，每天清早，到村边小河去洗脸漱口，那时已是晚秋，天气很凉了。

当小河结了一层薄冰的时候，开始了反"扫荡"。所谓反"扫荡"，就是日寇进攻边区，实行"扫荡"，我们与之战斗周旋，这种行动，总是在冬季进行。

行军之前，我领到一身蓝布棉衣。随即爬山越岭，向繁峙县境转移。我们原住的村庄，属于阜平。

不知走了多少天（那时转移，是左转右转，并非直线前行），在深山里的一个小村庄，我们停下来。我的头发很长了，有一个人借了老乡一把剪刀，给我剪了剪。我就发起烧来，脖颈和脊背的上部，起了很多水痘。我主观认为这是因为剪刀不净引起的，当然也可能是其他原因引起的，而且很可能就是天花。我有一个学生，名叫王鑫郎，他是全班长得最漂亮的，他在反"扫荡"中就得了天花，等到反"扫荡"结束，再见到他时，我简直不认得他了。我因为幼年接引过牛痘，可能发病轻微罢了。

当时领队的是傅大琳同志，他是物理教员，曾经是南开大学的助教。他见我病了，就派了一位康医生，一位刘护士，还有一位姓赵的学生，陪我到一个隐蔽而安全的地方去养病。说实在的，在我一生之中，病了以后得到如此隆重的照顾，还是第一次。不过，这也是因时制宜的一种办法。在战争紧急之时，想尽一切办法，把人员分散开来，化整为零，以利行军。

我们就到了蒿儿梁。所以说，你们信上说"养伤"，是不对的，应该说是"养病"，因为我并非一个荷枪实弹的战士，并非在与敌人交火时，光荣负伤。有必要说明一下，以正视听。

初到蒿儿梁，战争的风声正紧，这个兀立在高山顶上的小村庄，可能还没有驻过队伍。又因为我们这支小小的队伍，一是服装不整齐，二是没有武器，三是男女混杂，四是可能还没有地方领导机关的介绍信，在向村干部去要粮食的时候，遇到了不顺利。我听说了以后，亲自到村干部那里去了一次。我那时身上带了一支左轮小手枪。这支小枪，有一个皮套，像女人的软底鞋似的。这是我初到路西时，刘炳彦同志送给我的。我系在腰里，只是充样子，一枪也没有放过。直到一九四四年，我到了延安，邓德滋同志要随军南下，我又送给了他，这是后话。

可能是这支小手枪起了点作用，我们弄到了一点莜麦面。也可能是我当时因又饥又乏又有病，表现的急躁情绪，起了作用。当然，很快我们就和村干部熟识了，亲密得像一家人了。

我们三个男的，就住在郭四同志家的一间小西房里，护士和妇救会主任住在一起。这间屋子，我所以记得是西房，因为每天早晨，阳光射在我身旁的纸窗上，就会给正在病中的我无限安慰和希望。屋子有一方丈大，土炕占去三分之二，锅台又占去余下的三分之二，地下能活动的地方就很有限了。我经常坐在炕上，守着一个山西特有的白泥火盆。火盆里装满莜麦秸火灰，上面一层是白色的，用火筷一拨，下面就是火，像红杏一样的颜色，很能引起人的幻想。我把一个山药蛋按进灰里，山药蛋噗噗地响着，不一会儿就熟了，吃起来香得很。

所谓医生，所谓护士，都是受几个月训练速成的，谈不上什么医术医道。我们只有一把剪刀，一把镊子，一瓶红药水。每天，护士在饭锅里，把剪刀镊子煮煮，把水痘的化脓处清理清理，然后用棉花蘸着红药水，在伤处擦一擦。这种疗法显然不太得当，所以直到现在留下的伤疤，都很大，像一个个的铜钱。

我还写过一篇小说叫《看护》，也是记这段生活的。

康医生，有二十多岁，人很精明，医术虽然差些，但在经营粮草方面，很有办法，我们在那里，不记得有挨饿的时候。后来他和我一同到了延安，同在一个学校，他还是医生。我记得他为我洗过一次肠，还有一次，我在延河洗澡，伤了脚掌，他替我敷过一次药。现在不知他到哪里去了。

关于蒿儿梁的印象，都已经写在文章里，现在回忆不起更多的东西了。但那是小说，不能太认真。其中的人物，自然有当时当地人物的影子，但更多的是我的设想，或者说是我的"创造"。

但我听说郭四同志还能记起这件事，我是非常感动的，不只感谢他一家人当时对我们的照料,也为他仍然健在,记忆力很强而高兴。他年纪也很大了吧?请转达我对他一家人的深切的怀念之情。

在那样一个寒冷的地方,我安全而舒适地度过了一个难忘的冬季。我们可以想想,我的家是河北省安平县,如果不是抗日战争的推使,我能有机会到了贵县的蒿儿梁?我是怎样走到那里去的呢?身染重病,发着高烧,穿着一身不称体的薄薄的棉衣,手里拄着一根六道木拐棍,背着一个空荡荡的用旧衣服缝成的所谓书包,书包上挂着一个破白铁饭碗。这种形象,放在今天,简直是叫花子之不如,随便走到哪里,能为人所收容吗?但在那时,蒿儿梁收容了我,郭四一家人用暖房热炕收容了我。而经过漫长的几经变化的岁月,还记得我,这不值得感激吗?

这是在艰难的日子里,才能发生的事,才能铸成的感情。

我们在那里,住了两三个月,过了阳历年,又过了阴历年,才奉命返校。去的时候,我们好像是走的西道,回来的时候,是从东边一条小道下山,整整走了一天,才到山根下,可以想象蒿儿梁是有多么高。天快黑了,我看到了村庄庙宇,看到了平地,心里一高兴,往前一跑。其实是一条小河,上面结着冰,盖着一层雪,一下滑倒,晕了过去。身后的人,才把我抬进成果庵。这一段生活,我好像也写进了小说。

一九四八年冬季,我们集中在胜芳,等候打下天津。我住在临河的一间房子里。夜里没事,我写了《蒿儿梁》这篇小说,作为我对高山峻岭上的这个小小的村庄,生活在那里的人们的回忆。

是的,时间已经过去四十年了。当时在一起的同志们,各奔一方,消息全无,命运难测。我也很衰老了。人生的变化多大啊,万事又多么出乎意料?能不变的,能不褪色的,就只有战争年代结下的友情,以及关于它的回忆了。

现在是夜里三点钟。窗外的风,吹扫着落叶,又在报告着冬天即将到来。

  蒿儿梁上,已经很冷了吧?

  祝

他们幸福

            孙　犁

         一九八二年九月二十日

致 谌 容

谌容同志：

五月二十九日惠函敬悉。以后赐信，还是寄到我家里或是报社，由作协转信，有时很慢。

有些事，是越传越邪乎的。这几年，在我的方桌角上，倒是压着一张小纸条，不过是说，年老多病，亲友体谅，谈话时间，不宜过长。后来就传说，限在十五分钟，进而又说只限十分钟，其实不是那么回事。我不大轻信传言，即使别人的访问、回忆等等文字记述，有关我自己的，也常发见驴唇不对马嘴，有时颠倒事实。我看过常常叹气，认为载记之难，人言、历史之不可尽信，是有根据的。

你来时，我正写的文章，题目叫《耕堂读书记——读〈沈下贤集〉》。读书记，是我近年常写的一个题目。它不是创作，所以也谈不上打断，此文已经发表，现在寄上剪报一纸，是没有什么意思的。

因为自己已很久不写小说，近年来也很少看小说。你的小说，那样有名，我也没有认真去读过，这是很不应该的。当代作家的作品，总是有个机缘，我才偶尔读一些。

当收到你惠寄的大著《太子村的秘密》的时候，正赶上《收获》也来了，我一看上面有你的作品，不知为什么就要急于读这一篇。

我用了三个晚上，读完了你的中篇小说《散淡的人》。我读书的习惯是，不读则已，读起来就很认真，一个标点也不放过。你的作品，也是这样读完的，而且是选择安静、精神好、心平气和的时间读的。

名下无虚士，你的小说，写得真好。它能吸引人，我是手不释卷地读完的。

你用现实和历史交替的写法，完成这篇故事。杨子丰这个人物，写得饱满、完整，血肉充盈，神采飞扬。这并不是一个悲剧人物，当然也很难说，是个喜剧的人物。他的言语机锋，有很多名言谠论。这也是时代的产儿，幸而他没有夭折，完成了伟大的动荡时代的一个方面的证词。小说结尾之处，有余韵，有没有说完的，不易解答的问题，使我掩卷沉思。

谌容同志，原谅我，关于你这篇小说，我就谈这一些。这是我真实的读后感，或者说是读书记。我不是理论家，我厌烦烦琐的言词，也不会写头头是道，五彩缤纷的文章。

但是，就这个机会，我还想和你谈一些题外的话。我读作品虽然很少，但也能发见，当代中、青年作家中，确不乏有才有志之士。他们严肃地从事创作，认真地思考问题。对时代，也可以说是对我们的民族，有一种赤诚，有一种信念。这种赤诚和信念，都饱含在他们的文字语言中间。创作方法，也可以说是创作风格，不会一样。一种是表象的写法，一种是内心的写法。前者是通过场景表现人物，包括服饰、饮食、起居方面的细微描写。故事紧凑，人物活跃，通篇有声有色，无懈可击。这种小说，我通常称之为规格的小说，来源于莫泊桑。这是精心细致做出来的小说。写这种小说的人，不断采撷，不断写作，每隔一段时间，就完成一篇作品，很有规律，成为职业作家。

另一种小说，即第二种，是作者内心郁结，不吐不快，感情冲动，闻鸡起舞。这种写作，形式有时不完整，人物有时也有缺陷，但作者的真情实意，是不可遏止的。作品中有他的哲学，有他的血泪，有他的梦幻,读起来,谁也不能心平气和,不为之掬一把同情之泪。这种小说的根源,外国可找契诃夫,中国则是《红楼梦》。这种创作,常常是偶然的,难以后继的,是天籁,电光一闪。这不是做出来的小说,是个人情感和所遇现实碰击出来的火花。

当然,两种小说,也很难断然划开。先是写第二种,后来变为第一种,也是有的。而先写第一种的,却很少转为第二种。

这两者并无高下之分,由作家的气质、师承和爱好而定,前者倒可以说是小说的嫡传。在中国,茅盾的小说似前者,而鲁迅的小说似后者,不知你以为然否?等我慢慢再读一些你的作品,我们再详细讨论吧。

读完你的《散淡的人》,脑际萦绕,有不能已于言者,今晨三时起床,胡诌了以上几点。外面则雷电交作,大雨倾盆,这种氛围,最利于写作了。

祝

好

孙　犁

一九八五年六月十九日

和郭志刚的一次谈话

郭志刚：以前，我写的关于您的那些东西，多是研究性的，对象就是您的作品；现在为了写传，我想对您的作品以外的生平和生活方面的情况，就是道路吧，希望有个比较系统的了解。因为写传，生活是血肉，很重要。这部分写好了，可以更好地显示一个作家的品格和素质。所以，这回就希望您谈得深一点，生活方面的、经历方面的。

孙犁：今天，咱们上午谈一会儿下午再谈一会儿，因为你那儿也比较忙，我这儿谈时间太多了也不行。以后有什么问题，你再给我来信。我先把我的意见跟你说一说，我觉得，关于写这个书，我不知道你是不是全部地看了我发表的那些东西，特别是，"文集"你那儿有，是吧？

郭志刚："文集"我有，我全部读过。

孙犁："文集"收到哪一本了？

郭志刚："文集"收到《晚华集》……

孙犁：《秀露集》也收了？

郭志刚：还有《澹定集》。

孙犁：剩下的就是《远道集》《老荒集》《陋巷集》，还有一个交到人民文学出版社去的《无为集》，就这四本，这四本就是四十来万字。所以，你还有很多材料。当然，你从报纸上看到一些，有的好像还没有看。

郭志刚：那几个集子我都看了，就是《陋巷集》和《无为集》，这两集我没有看。您近来的文章，我能收集到的很少。

孙犁：第一，就是把这些你没有看到的材料，都能想法看到；另外，在这些文章里面，有一篇最重要的，叫《〈善闇室纪年〉摘抄》，不知这文章你看过没有？

郭志刚：《〈善闇室纪年〉摘抄》我读过一部分，有些还在文章中引用过。我觉得，它对了解您非常重要，可惜我没读全。

孙犁：可以给你弄全。

郭志刚：那太好了。

孙犁：它是一个系统的东西，里边包括我个人的主要经历和时代的主要变化。它就是写到我入城那一年，入城以后，在天津这一段，变化不是像前边几十年那样大。后边我没有写。从文章里边找材料，对写我来说，还是很重要的。因为我主要的经历，时代的主要面貌，凡是在我心里印象深刻的东西，我差不多都写到文章里去了。有的是散文，有的是回忆，有的是小说，都有我个人的传记材料。我觉得，读我的作品，对你写这个书，是最重要的。假若让我谈呢，我这两天也考虑，我还是得给你谈《善闇室纪年》那些，可能谈得比较仔细一些，但主要的，恐怕还是那些。我无非还是回忆，七岁上学，十二岁在安国县上学，十四岁在保定上学。进城以后就是两件大事：一个是我得病，五六年得病，在外面养了几年病；一个是"文化大革命"。这两样大事，在粉碎"四人帮"以后，我写的散文，或者是小说里边，都写到了。譬如说，芸斋小说，就带有很大的自传性质。里边有很多地方写到我，都是第一人称。那里边，虚构的不太多，主要都是事实。还有一些散文，那就更明显了，譬如交游方面，回忆朋友的那几篇，就是我进城以后，所接触的一些人。我在一些什么地方待过，譬如，在青岛啊，在太湖啊，在北京医院啊，在小汤山疗养院啊，在颐和园啊，在北戴河啊，都有专门题目谈到，它叫《病期经历》。这些你都看过吗？

郭志刚：看过《黄鹂》《石子》。

孙犁：那个不是。这个叫《病期经历》，那个是"琐事"，那是另外两篇。

郭志刚：《病期经历》我没见到，这是不是您后来发表的文章？

孙犁：大概有一部分已经收到集子里面去了，《陋巷集》里还有好几篇。所以，现在主要的要找一本《陋巷集》。晓明，回头你问问，看能不能再找一本。我这儿实在没有了，我原来是剩着两本的，不是答应你了吗？宗武急着要，因为宗武也送过我一些书，我说，要不先给了你吧。想法叫晓明给你找一本。

郭志刚：好，这对我太需要了。

孙犁：《无为集》里边的东西，回头有些剪报提供给你吧。《善闇室纪年》要搞个全份的，把头儿接上。其次就是，譬如我写的《乡里旧闻》，也都是关于我的历史方面的。另外，就是还可以找一些同志谈一谈，你觉得收获大吗？譬如说，跟邹明他们，跟韩映山他们，有收获吗？

郭志刚：昨天去白洋淀的时候随便聊了一下，聊的不算太多。我从韩映山同志一些介绍里边，是受到了益处的。例如，他说："从前孙犁同志帮我们改稿非常认真，我有篇《鸭子》，那条小河是朝西流的，孙犁同志一看，一般的河都是往东流啊，怎么会是冲西流呢？就想改过来。后来又想，也许有特殊情况，他那儿水是朝西流的。"他说，您亲自把他找到报社里去，一问，是朝西流的，就没有改。这件事很说明问题。

孙犁：类似的文章，我写过一篇《改稿举例》，不知这篇文章，你看过没有？里边是谈改稿，实际上也是我个人的经历，是别人给我改稿。这个对你写传大概也有用处。

郭志刚：很有用处。

孙犁：所以，我写的东西，在目前来说，是最重要的取得材料的来源。我说这话，好像和以前咱们谈的有些矛盾，实际上也不矛盾，你可以试一试，去找一些朋友，找我的孩子们，跟他们谈一谈，你从那儿收获不会太大。譬如，你跟我的女儿小森谈，谈不出什么来，绝对不是我不愿意叫她跟你谈，是因为我离开家里的时间比较长，跟她们在一块儿的时间很短；另外，我也很少跟她们说点这个那个的，我不大跟孩子们在一块待着，也很少跟她们说话，所以，她们都谈不出什么东西来。

郭志刚：我相信。我对访问别人也没敢抱很多希望。

孙犁：朋友们也是这样，因为有一些写传的，他们也找过一些朋友，我看他们写的那些东西收获也不太大。

郭志刚：是的。所以对于访问别人，我也就犹豫了。孙犁同志，尽管您说得很少，但我每次来天津，在和您短暂的接触当中，老实说，倒给我不少感性的东西。

孙犁：因为是直觉。

郭志刚：这我倒是有些体会。有一位傅正谷同志，他说，原来住在您的多伦道寓所附近。

孙犁：我跟正谷见面比较多。

郭志刚：他说，您对他帮助很大。比如写文章，您提出来就是要钻些空子，意思是研究一些别人不曾研究过的东西，即空白点，他认为这对他启发很大。我听了也受启发。

孙犁：正谷到我那儿去的比较多。

郭志刚：您的文章里说，您小的时候，患过惊风疾，这是种什么病？

孙犁：就是抽风。

郭志刚：我第一次见您的时候，那是在一九七九年，我一个人找到多伦道那个院子里去，第一面印象非常深刻，很难用三言两语表达清楚。但是，我还能够把见到您的那个印象和读您的作品联系起来，我觉得它们是一致的，都可以用"凝重""含蓄"这样的字眼来表达——我说不好，那是初次见面的印象。您当时说话，下巴有些抖动，是不是从小就这样？

孙犁：从小不这样。但是，和那个病根儿有关系。我小的时候，我们家里还是比较贫穷，从小我没有奶吃，很弱，弱了大概就很容易得这种病；另外，乡下不大讲卫生，脐带剪的时候，或者是营养不良，都可以引起小孩的抽风。这个病对我以后的神经系统可能留下一些毛病，所以，一九五六年就得过一次很严重的神经衰弱，在这以前，我就经常失眠，经常有一些神经方面的症状，那年突然就重了。一九五六年，我算算多少岁呀，一九一三，那是四十三岁，岁数到了中年，有些病就要爆发了。得这个病以前，我这头有时就摆动，也不是老摆动，遇见情绪上激动的时候，它就动得厉害，你们大概也能看得出来，要是心情很平稳，它也不动，动的时候，自己也不大觉得。直到现在，我感觉，我神经方面不太健康，有时失眠，容易激动，容易恼怒，这都是神经系统的毛病。它可能对写作也有些影响。生理上的这种病态，它也可能反映在我的写作上，反映在写作上，好的方面它就是一种敏感，联想比较丰富，情绪容易激动。这是一些病理学家经常谈到的问题。关于生活方面，我这个人，你看文章就可以看得出来，比较简单，我这个经历，当然说起来也算复杂，但实际上也很简单。复杂的是时代，时代不平常。譬如，赶上了北伐，赶上了北伐失败，赶上了九一八事变以后日本的侵略，和对日本的反抗，以至于后来的抗日战争和解放战争。经历的时代变化比较大，我个人的生活，说起来还是比较单纯的：从上学，到教书,到参加抗日工作。抗日工作也不过就是教书、编报、写文章,比较简单。个人私生活方面,我觉着也比较简单,也没什么很离奇的恋爱故事,有一些也是浅尝辄止。随随便便就完了。但是,也留下一些印象,这些印象我也不大掩饰它,有时就在一些作品里边写出来了,如实地,不是加以夸大。实际情况是这样,我这个人也不善于此道。这方面我不行。张同志走了以后,马上找一个老伴,那时倒有这种想法,但是拖下来了,到现在呢,就不能再找了,因为年岁太大了;另外,我也很怕找那个。我这个人对于家庭里的那些事,也不善于处理,不善于处理这种关系。到这个岁数找一个,假如不好,反倒增加很多麻烦。我觉得一个人安安静静地能够读点书,写点文章,就可以啦。现在我考虑,找那个是弊多利少,也造成各方面的矛盾,弄得心情不大愉快。我觉得,只有我那个天作之合并主张从一而终的老伴,才能坚忍不拔,勉勉强强地跟我度过了一生,换个别人,是一定早就拜拜了。

希望你千万不要在这方面,虚构情节,所有感情的纠缠,我都写进作品里去了。

郭志刚:孙犁同志,我不会。我能理解您的心情。

孙犁:关于文学这方面的事,我年轻的时候,也是很好名的,好利不好利,那时候无利可图,也谈不上,一直到进城以前,写文章也没什么利。我年轻的时候很好名,譬如说,上中学的时候,我们有个国文教员,每回发作文本的时候,好的作文都夹上点稿纸,准备在《育德月刊》上发表,老师发作文本的时候,我很注意我那里边是不是夹着稿纸。夹着,我就很高兴;不夹着,心里就很别扭,很失望。现在到这个年岁,走向世界,不走向世界,我从来没有想过。我也不以为走向世界就是光荣,或者不走向世界就是不光荣。过去,在抗日战争中,是有所为而写作的,是为了工作。现在,我写文章,说真的,是消遣。有时闷得慌,写惯了,就写一点,没什么目的,甚至"为艺术而艺术"都谈不上，就是随随便便地写一点，真正是随笔。至于写到别人的事，我当时也没有恶意，有些坏效果，得罪一些朋友，扪心自问，无愧于心。我也吸收一些经验教训，还是休息休息吧。现在我感觉，说话也没用，写文章也没什么用处。我从来也没有想过赶时髦，追求新奇，我不善经营，生活上无能，安于随随便便的简易生活，因此也不羡慕外国人，做梦也不想出国居住，如果在国外，我会吃不上饭的。我在银行里存了一些钱，我从来也不去管它，吃了很大的亏，可是，叫我买一个彩电，两千七，我还觉得它贵。

开这个学术讨论会，我兴趣也不大，刚一弄的时候，我坚决不干，我说，你们要开，朋友们来了我不去。那回是昌定他们，昌定当文学研究所所长。这次，我老了，也不跟他们争这个了，我说，你们头到我死，不弄一回，好像是个遗憾。昨天，学正来，跟我谈这个会的经过，谈完了以后，我说，学正，你这回没有遗憾了吧？究竟有什么意义，回头看文章，看有没有成果。对于文坛，对于写作，说真的，我有点不大关心，刚才，市里的那个负责同志说，无论如何，你还挂着作家协会的名。我是辞过好几次了，头到他们来，我还说，我坚决不干这个了，名誉的事也不干了。我说，我身体不好，我不能去开会；另外，对于一些青年同志，我也不大了解，他们对我也不大了解。今天又来谈，好像是说，你还得挂这么个名。我说，假如考虑这样对党有好处，那你们就看着办，按我个人说，我是不愿再干这种事了。

有些同志对我很热心，很热忱，对我很有感情，我是看得出来的，我对他们的心意，也很感激。但是，我不把我自己看得那么重，我从来也没有把我自己看得那么重，我也不觉得我有什么大的成绩，古今中外的一些作家，写的东西那么多，我才写了一点点东西。过去，干这行的人少，这叫什么，"没有朱砂，红土为贵"，是吧？

大家研究呀，讨论呀，评论呀，做了很多文章，我自己有时也很惭愧。譬如说流派，我发表过好几次意见了，一位教授叫吴奔星，知道这个人，是吧？

郭志刚：知道。现在在南京。

孙犁：他说，孙犁前边是不承认这个流派的，后边又说不违众议，好像也承认这个流派了。关于流派，本来我就不大懂。有人说有，有人说无；有人说限于河北，有人说别的省市也有。有人说要发展，不能一成不变。我想，发展当然好，也要有个限度。比如，有的同志，在商品经济面前，要改变创作机制，千篇一律的，谈情说爱的小说，还嫌不应时，不过瘾，开始描写乱伦的情节，把这种小说，也算作荷花淀流派，不大妥当吧？

郭志刚：与会的同志们，既然都是来参加这个会议，多半还是志趣相同。也有人提出别的看法，那也是很自然的。我还听说——那倒不一定是在这次会上，别处也有这样的议论——说赵树理的出现是文学上的倒退。我不赞成这种看法。

孙犁：这也是很时髦的，前几年是超越，现在是否定。现在我总感觉到，有人极力地否定解放区的文学。解放区文学有它的一些缺点和所谓的局限性。但是，必须和时代联系起来，把那个时代抛开，只从作品上，拿今天的眼光来看，当然就发现它有很多不合时宜的地方。譬如说赵树理，你拿今天的一些理论，来判断他的作品，当然可以看出，这个那个，都不对。在抗日战争的时候，假如按今天这个理论去写东西，起到的作用，能够像赵树理起的作用那么大吗？不会，也不可能的，离开时代，来谈学术问题，那就失之千里。赵树理选择的创作方法，在当时，可能是他的最佳选择。如果他那时不是这样写作，而是按照今天一些人的主张，脱离政治、淡化主题、强调自我，那是不堪设想的。

那时的主题，就是抗日。这个主题是只能强化，不能淡化的。

批判一如创作，也并不是一件容易的事，必须有理有据，如果所据失实，那道理也就讲不通了。

作家总是带有时代的烙印，作品总是带有时代的特征。另外，文学与政治的关系，我过去总提离政治远一点，老给人家抓小辫儿。所谓远一点，就是不要图解，不要政治口号化。现在，有些人说解放区的文学，都是为政治服务，好像就是一钱不值了。我觉得，不是那么回事。当时为政治服务，也不是有人强迫，都是出自本心的。参加抗日战争，那是谁逼迫的？离着延安好几千里，跑到那里去，挺苦的，那是日本人逼迫的，那是大势所趋。不管怎么说，不能和政治一点关系都没有。现在一些新的文学作品和政治没有关系？都脱离尽了？我不相信。我看和政治更近了，功利性更强了。不是那么清高。有些人很时髦，过去强调政治对文学的作用；现在又强调文学什么都要脱离。现在又提什么"现实主义回归"，我觉得，谈不到什么"回归"，现实主义是个存在，它也没有到哪儿去。新把戏玩腻了，好像这又是一条路。现实主义是文学创作领域的土著，它不会轻易离开，更不会像一个棋子，随便被人移动。我也不认为暴露社会黑暗或渲染民族的落后愚昧，就是现实主义的新的深化。这种手法，古已有之，巧拙不同。目前有的，既谈不上新，也谈不上深。

现实主义的最大功能，是能在深刻广阔地反映社会现实之外，常常透露一种明智的政治预见。《红楼梦》创作于乾隆年代，并非创作于同光时期。但它预示了满清统治的败亡前景。"好了"这一主题，出现于清朝盛世，而不是清朝末世，这就是曹雪芹的现实主义。现在，我也很少看小说，偶尔看个一篇半篇的。一是老了，眼不行；二是那内容和我的目前生活距离很大。当然，也有很多好的作品，不可否认。我觉得，乱七八糟的东西太多了。出书、出版社没有心思去印正经的书。《陋巷集》印得还不如旧社会一折八扣的货。我赠出去的书,不少人来信说缺斤少两(短页)。现在,有"以文养文"的说法,说穿了,就是以坏书养好书,以坑害人的书,养有益于人的书。坏书一印几十万,好书只印两千本。从社会效益看,这究竟是谁养谁,是多么颠倒的事!前些日子,"百花"要出《我与百花》一书,叫题个词儿,我不爱干那个,考虑和他们的关系,我写了点,和别人写的不大一样,也给我印上了。

郭志刚:孙犁同志,您就随便跟我们聊天得啦。

孙犁:一会儿,我去拿照片去,拿照片你挑一挑。

郭志刚:印书的时候,还是希望有一些比较珍贵的照片,我拿走的话,用完之后再还回来。

孙犁:因为动乱,青少年时期的照片,已经很难找到。看到一些人能把婴孩的照片也公诸于世,真是羡慕不已。晚年送往迎来,照了一些相。选用时,最好不用和名流的合影,以免借重他人之嫌。可只用我个人的。家属的照片也最好少用。至于你在文章中,如何写我的交游,不在此限;咱们再谈一点儿,也不一定有用。

郭志刚:有用,就这么说吧,您讲话的声音,将来都会帮助我理解、回忆和想象,当然内容更有用了。写传,必须更贴近一点,因为我们又在两个地方,我如果住在天津,住在您的附近,还好办一点,录音呢,我回去可以放一放,听一听。

孙犁:我弄过两次了,有一次是《文艺报》,跟吴泰昌谈的时间比较长,你这是第二次,我从来也不弄录音机的,也没谈过那么长时间。现在老了,的确谈不出新东西来了,我现在很少思考新的问题,就是一些旧的,恐怕都是重复的。

郭志刚:我懂。

孙犁:我们常提"灵魂深处"这个词儿。只有真正看到作家灵魂深处的东西,才能写好作家的传记。就说文学,我经常思考的就是这个。小的时候就好这个,从上小学就好作文,老师在这方面也鼓励一些,中学也是这样。自己好看书,我们家里都说我是个书呆子,而且说我有点傻,我干这个,一是个人爱好,二是因为我干不了别的,没有能力去从事别的工作。按我这个家庭说,本来我可以去学徒,因为我父亲是从小学徒,是搞商业的,我父亲看我不行,说我伺候不了人,我小的时候比较娇惯,是独生子,好多弟兄就剩我一个人。所以,才叫我念书,家境也稍微好一点了。后来,我父亲愿意叫我考邮政局,就是考个邮务生。譬如说,县里的邮政局,有个局长,有一个邮务生,邮务生就是捡信。我正在北平流浪,我父亲一听到北平总局招考,就把我那中学毕业的文凭,用个小铁桶装上,给我挂号寄到北平,写信督促我去考。头一场我就没考上,一进屋子,就是英语会话。在中学里,我学英文还是很用功的,而且受到老师的好评,英文作文也能作好几页,念了好几本英文书。但是会话就不行。同时,邮政局里面,也是先用他们的子弟,就是顶替的意思,外人很难考上。没考上,我父亲当然就很失望了,也没有责备我,后来又给我找点职业,有两次职业,都是我父亲托人给找的。我都写过文章了,题目叫:在北平。我没有能力去一步一步地当个领导啊,或者是下边有一拨儿人呀,没有这个想法,也没有这个机会。所以,在抗日期间也好,在解放战争期间也好,我都是穿得破破烂烂的,生活很艰苦,搞了那么多年,连匹马都没有骑上,连个自行车都没有。我常有一种自卑感,就是说,我这个人不行。

郭志刚: 孙犁同志,就做官这方面来讲,也许您有这种感觉,至于搞文学,我觉得您不会有这种感觉。

孙犁: 这一生的经历,我不知道别人对我是怎么看法,自己心里觉得,假如不是抗日战争,可能我也成不了一个什么作家,也就是在家里继承我父亲那点财产,那么过下去,过成什么样子那也不知道。所以,对于参加抗日战争,参加共产党领导的工作,直到现在,我也不后悔。我总觉得,这是给了我一个机会,至少是在文学上给了我一个机会。至于今天，社会上的一些变化，国家的一些困难，我还是关心的，有时候想起来，心里也不是很平静。

郭志刚：您的文章早就流露出来了。

孙犁：不是那么平静。我感到，我们的问题很多，遇见的困难也很多，至于个人，"文化大革命"，或者是以前，在革命过程里遇到的一些事情，或者说一些不好的遭遇吧，当然也不是在心里没留下什么痕迹。但是，究竟我们这个国家怎么治理，怎么朝前走，脑子里想得比较多一点。爱国之心，是一种天性。遇有机会，还总想为国家出一点力，但常常是力不从心，或者是事与愿违。"文化大革命"，你看到了，一些人的人性，或者说是灵魂，堕落到了什么程度，卑污到了什么程度！致使一些洁身自好之士，纷纷自裁。当前，在引导人民致富之时，应积极引导人民向善。为富不仁，必引起很多麻烦。这本来也是文学的职责，现在有些作品，却反其道而行之。我越来越感到什么作家也离不开这个时代，他也得受当前政治的影响，很难在这方面，完全逍遥，那么孑然独立，那是不可能的。

郭志刚：我在《孙犁创作散论》里边曾谈到，您在内心深处还是关心政治的。因为政治和人民的命运休戚相关，我在书里说，像您这样的作家，不可能不关心人生，因而也不可能不关心政治。有篇文章说，作家之从事文学事业，就好像"飞蛾扑火"，有一种力量吸引他，他专注于文学是可以理解的。夸张点说，他将整个的生活和生命都投入了文学，大概他也不去考虑别的了。

孙犁：白乐天，"兼济天下"时，能写诗，"独善其身"时，也能写诗。我们不能和他相比，能做到独善其身，就算不错了。过去，我是很少用"小人""君子"这种词儿，现在写文章有时候也用了，你说这是儒家的什么也可以。古人有所谓鸿鹄之志，我们也不能高攀的。但出处的选择，还是应该有的，鸿鹄如果长期与鸡鹜为伍，终日与之争食、争宿，那它的高志也就降低为鸡鹜之志了。对于人生，对于社会，不像过去想得那么天真了。这种感情，在抗日战争期间，没有发生，在解放战争期间，也没有发生，就是从"文化大革命"以后，这种感情强烈了一些。有时候写文章就控制不住。人家说我现在变了。或者是笔法变了，我自己也克制这些。主要是我感觉到，现在写文章没有什么用处。

郭志刚： 还是有用处的。

孙犁： 社会风气的形成，谁都很难说，究竟是怎么形成的，究竟向哪方面发展，究竟怎么才能收拾、改变。这是很复杂的问题，也不是一天、两天能够解决的。我在青年时期，我父亲开始也是净找那些老先生，给我讲一点什么东西。后来，到了学校里，也有一些老先生，引导着我们读一些旧书。但那个时候，我主要的是读新书，那个时候，革命的书，革命的小说，最能吸引青年学生。我在中学里，写的文言文也还可以，我们有个老师叫孙念希，是华北有名的古文家。这个人是做官的，给一些要人当秘书长。他在我们学校里教过一个时期国文。

郭志刚： "育德"？

孙犁： 嗯，"育德"。他是蠡县人，那是高中，他教了我们大概有两年，我都是写文言文，他还说是写得不错的。但是，那个时候，我主要是读新书，你大概从文章里都能看到。

从我病了以后，新书就读得少了，从病了以后，我就开始买旧书，你看，在我吃饭的那屋里，两个大柜子里边，全部是这个。有几柜子线装书。我买来呢，就得翻一翻，买以前，得查一查这书是什么内容，我也增加了一些版本的知识，关于那些作者，他的传记，书的提要，也得读几篇。弄了好多年，把时间消耗在这上面，从读新书到读旧书，这也不是我一个人，我看历史上，特别是从"五四"以后，走这个路的人很多。

这也可能是一种倒退，也可以说是复古，也可以说是一种没落，也可以说是什么别的，但是，我觉得不是那么回事。我没有上过大学，对中国文化有这么一个学习的机会，还是有好处的。"文化大革命"以前，有人就说，孙犁已经埋在故纸堆里了。

郭志刚：您写了这么多文章，把古书翻出新意来啦。

孙犁：现在大家又在那里批儒，"文化大革命"时叫什么？

郭志刚：叫作"批儒评法"。

孙犁：对，现在我看又在那批儒，要建立什么新的儒学。

郭志刚：有这个说法。

孙犁：我说，你不管是新儒学吧，旧儒学吧，中国这些旧的文化，作为一个中国的作家，一点都不懂，会闹笑话的。现在，笑话已经不少。我也是极力避免闹笑话，我老了，写"读书记"的时候，我是查了又查，翻了又翻，年代呀、姓名呀，有时候容易记错。所以，我对人说，你看我写"读书记"好像省劲，创作，我坐在那儿，脑子里有什么我就在那儿写了，"读书记"我得一个劲儿翻书，不定翻几遍，我才能写成一篇。我没上过大学，没受过科班训练，有时也出个别的差错。现在我写了这种文章，都是在《天津日报》发表，我可以自己校对，可以纠正一些东西。这几年写的"读书记"很不少。新书是读得少了，也很少看这几年介绍的文艺思想。弗洛伊德，在三十年代，我就读过一些。那天，我看胡适给董康日记写的序，那是民国十九年，里边就提到弗洛伊德。弗洛伊德不是什么新的东西，早就介绍到中国来了，胡秋原编的读书杂志，也介绍过。为什么在过去吹不起来呢？那和时代有关系。在二十年代、三十年代，你吹这个，是吹不起来的，不是没人想吹，这个风刮不起来，青年人不接受这个，正像现在青年人不接受我们当年接受的那些东西一样。现在它就可以成为一个思潮，成为大家认为是了不起的东西。我那次跟吴泰昌的谈话，也谈到过弗洛伊德。我说，弗洛伊德就一点用处也没有吗？现在我不愿意谈这个问题，什么东西谈得太过头了，就没什么意思。你在会场上认识一个傅正谷，是吧？

郭志刚：对。

孙犁：他经常买这些书。有时我说，正谷，你最近买什么书啦？你到书店里去了吗？有什么新书啊？他有时跟我念叨念叨，我才知道，现在又翻译过来一些什么书。翻译一些书比不翻译好，大家读一读。现在强调这些东西，说句老话，有社会根源。

郭志刚：傅正谷同志在会上发言，好像讲到这个意思，他说，他准备写一篇文章，叫作《孙犁同志和梦》呢，还是《孙犁同志和弗洛伊德》？

孙犁：因为他正在写关于梦的东西，他也想给我来一篇。日本厨川白村的《出了象牙之塔》《苦闷的象征》，就完全是弗洛伊德，也可以说是发挥，早就介绍过来了，这两本书，我还很爱读，我在中学里就读了。鲁迅翻译过来了，丰子恺也译了一本。但是，鲁迅先生翻译了，他也不强调弗洛伊德，因为那个时候，整个的读书界、知识界、文化界都不是这个气候。那时候都是马克思主义，别的吹不起来。所以，哪一个时期，读什么书，是一种思潮，青年人的一种心理，一种要求，都和政治思想有关系。一个时代，知识分子，他的思想，他的遭遇，他的喜剧和悲剧，都和政治有关系。

郭志刚：孙犁同志，刚才您说，您是从读新书到旧书，五六年生病以后，就读旧书，当时具体的想法是什么？当然，可能是读旧书适于养病，带有一些消遣、解闷儿的性质。我想，不会完全是这个吧，您是不是有些别的想法呢？

孙犁：我养病回来，已经是一九六○年了，回来才大批地买书。当时,有点稿费,我又不好买别的东西,我从小就好买书,过去没有钱,现在钱比较方便了，我没别的用途，不买房子，不买地。田间劝我在北京买一所宅子，他们都买了，很便宜。那个时候，北京啊，几千块钱就可以买个四合院,我跟老伴商量,老伴说,无论如何不买房。因为家里的房,土改时分给贫农团了,盖了多年都给拆了,她伤心啦。我就各地方去邮购书,除了在天津逛旧书摊儿,南京啊,上海啊,苏州啊,北京啊,各地方去要目录,要了我就圈上圈,寄回去,它就给我寄书来。我那个台阶上,每天邮政局给我送一大包、一大包的旧书。当时的想法,我在文章里说是要想当藏书家,想当藏书家,好像是当时的一种兴趣,不是对于新的文学失望,或者是对什么有一种幻灭感。

郭志刚: 不会。

孙犁: 不会是这个。当时情况,也不像"文化大革命"以后这样,可能就是要藏书,钻进去了,就出不来了。鲁迅说过,古书这个东西能把你陷进去。因为它那里浩如烟海,今天买了这个,明天又想买那个,买了很多没用的书。因为有用的书,人家早买去了,目录上剩下的没人要。我在那上边选择,也买不到什么珍贵的版本,花的钱也很不少。所以,关于历史的,关于哲学的,甚至于关于农业的,关于书法的,都有很多。也没有很好地看,弄了好多年这个。"文化大革命"就停止了。我也出不去了,现在古旧书店里也没有货了,也没有好书了,有一点都非常贵,一般的线装书,现在一本就是好几块钱,都是影印的,拿线一穿,就是好几块钱,买不起,也不想买了。除非我写什么文章,我才找出书来,不然,我也很少看了。

郭志刚: 藏书家往往是这样。买了书,他就在那预备着,用的时候方便。您的读书记,我看精力占了很多,也是非常有价值的。这可能是跟人生的经验、阅历有关系。您的看法往往是非常新颖的,跟现实联系也很紧。您这些年写的,我没有都读,您前些年写的,我倒是都读了,"文集"里的我都读了。

孙犁: 在日常生活方面,我好像也多少写过。我这个人,现在显得很琐碎,很固执,有点吝啬。我的确是什么东西都不愿意糟踏。

这回搬家,孩子们说,破破烂烂的,就不要搬到新房间里了。结果,整个又过来了,破衣服、破鞋、破袜子,全部带过来了,到这边也没有扔,又收起来了。我有很多稿纸,有一回,我还叫晓明拿回去好多,我说,我用不了那么多稿纸。我老是裁废纸条子,写东西、写信都是用那个。看见白纸就弄下来,放在写字台上边了。

郭志刚: 这不是吝啬。

孙犁: 我跟家里人说,我是个穷学生出身,我过的那生活,从学生,到当个小职员,到当个小学教员,我那收入,是微不足道的,我还要买书,还要给家里一部分。我从小养成这个生活习惯。在战争期间,困难就更多了。我说,这很难改。我看见别人糟踏东西呀,心里就很别扭。直到现在,我铺的一个褥子,是我母亲铺过的,小孩们不要,给我扔过来了。我也不说这是一种好的品德,我觉得就是琐碎、固执,不开拓,啊?

郭志刚: 您自己这样说。

孙犁: 人家都那么说,孙犁这个人很难处,谁跟他在一块儿,也待不长,造成这么一个印象,是因为"文化大革命"时,有些传言。我觉得,有别扭之处,也不完全是那样子。譬如,晓明,他要是不经常往我这儿跑呢,他对我也不了解,可能听见人们传说,就认为我是那么一个人。实际接触多了,也不完全是那样子。我倒是孤僻,这一点,我自己承认,现在我的确是不愿意多接触人,朋友们来了,我也比较冷淡,就是不那么热情。我们也算熟了,你也会有这种感觉,不愿意接触人,不愿意追逐。康濯的爱人来了,她叫王勉思,她要在我这儿吃饭,我说,勉思,咱们买两毛钱的肉,吃饺子吧。那是前几年的事,现在两毛钱根本不卖给你,勉思回去说,老孙叫我吃两毛钱的肉饺子。康濯也是,我们算是最熟了,有一回,他跟我老伴说:"今天好了,留我吃饭了。"我很少留人吃饭。

郭志刚: 可以理解。这些跟您的文章、为人,倒是蛮一致的,无可厚非。人有各种各样。假如换一种方式呢，可能我们读到的就不是现在的孙犁的文章了。

孙犁：天津有个叫克明的，有一回，我留他吃碗面条儿。他说，相交这么些年，孙犁同志就请我吃过一顿面条儿。生活上，我现在的确是很少想，也没有什么欲望，可能是老了，不想再弄点什么名堂，或留些什么身后的名。年轻的时候，人家写一篇评论文章，里边有些不适宜的话，我心里还不大高兴。现在你把我写成什么样子都没关系。我都不会责怪你。可能是人到了无可奈何的时候，就是这么一种状态。

张同志在这儿待了那么几年，走了以后，我的确也写了有关她的故事，但是我对于她，并没有恶意。我觉得，她走那也是应该的，我并不责怪她，你看了我写的那个《幻觉》，是吧？在当时，人家有人家的想法。我还有一篇文章没有发表，在《人民日报》放着，题目叫《续弦》，回头你看一看，那篇小说可能还有点意思。我对她没有恶感，想起来，也是各有好处，各有缺点吧。有些人认为，孙犁很重感情，这样大的打击，好像受不了。也不是那么回事，这都是人生可能遇到的事情，我也不把它看得那么重。一生吧，我们不能比拟什么伟大的人物，就是我这个平凡的人，也遇到过洪水，差点把我冲到河里去，遭到灭顶之灾。几次炸弹没有炸死，枪子儿在身边跑的那就更多，"文化大革命"，几次想自杀都没有死成。这也不是什么悲剧。作为一个人，一个时代，在这个时代里走过来，他要遇见激流，遇见旋涡，遇见礁石。总而言之是走过来了，这就算命大。所以，一切事情，我都看得很淡，对于儿女们呢，我也不看得那么重，就像司马迁对朋友说的。总而言之，我目前的状态，在别人看来，是孤独寂寞，我自己还没有什么太寂寞的感觉。我只要写起文章来，我觉得很有意思。我说无论如何不能放弃写文章。你不叫我干别的可以，写文章好像对我很有用处。但我和我的文章，毕竟是像一片经过严霜的秋叶，它正在空中盘旋。

人们或许仍在欣赏它的什么，飘落大地，化为泥土，才是它的归宿。

郭志刚：这是您的修养。孙犁同志，您跟那些老朋友，现在还来往吗？来往还多吗？

孙犁：也没有多少人了，天津的老人们，有来往的就三五个人了，那天参加会的两个老头陈洁民、孙五川，都是老朋友。这几年陆续地死了一些，外地的这几年联系也少。写信也少了。我认识人并不少，文艺界老一代的，年轻时，曾整天在一块儿。

郭志刚：跟舒群同志有来往吧？

孙犁：有时候，捎个信儿什么的。我这个人是这样，多么要好的朋友，也不是经常地、热烈地去接近。就是老领导，我也很少给他们写信，我也很少给他们赠书。周扬同志看到我的"文集"，说，你写了这么多辅导文章，过去我都不知道。

郭志刚：从您跟丁玲同志的通信看，您对丁玲同志是比较敬仰的。

孙犁：丁玲这个人，好交朋友，她好联系人。

郭志刚：舒群同志，我是从您写的文章里面看到的。还有朱寨同志，他说，他听过您讲《红楼梦》，到现在印象还很深刻，还说您比同时代作家，受社会科学、受文艺理论的影响更深。您对朱寨同志有印象吗？

孙犁：有印象，他是文学系的，那时候，一块儿在"鲁艺"，因为就那么几个人，我都记得。

郭志刚：跟何其芳……

孙犁：都在一排山上，但我很少到人家去；人家也不常跟我说话。我对人都是很尊重的，直到现在，提起过去的一些老同志，譬如，我写的《关于丁玲》那篇文章里，我说，严文井同志曾经带着我和邵子南，去听周恩来同志的报告。严文井同志看到那篇文章，马上给舒群同志打电话，他很高兴。我对于过去的一些同志、一些战友，或者稍微年岁大一些的，我都是很尊重的。我觉得，不管别人对我怎么看，我在文艺界，没有对不起朋友。我一生作文，像个散兵。我从来没有依附过什么人，也没有拉拢过什么人。我觉得，我没有必要那样去做。

我从小就有些孤僻，我在老家的时候，我那老伴就说，来了人呢，他要不就洗手绢呀，要不就是找什么东西呀，总是不能很好地坐在那儿，和人对着面地说话。我不好凑热闹，好往背静的地方走。当年，举国若狂，争先恐后往大寨、小靳庄参观，我一次也没有去过，也不想去。我现在的身体，也还可以，比上不足，比下有余。我一说话，声音特别大，是教书练出来的，我那时教书，是在大席棚里，五六百人坐着小板凳，我要喊到后边那一排也能听见。还有就是走路，直到现在，人们都说我走得很快，是抗日战争走出来的。一切还算是不错的。

郭志刚： 您谈的这些，对我非常宝贵，如果能多有几次这样的谈话就好了。

孙犁： 我还是希望你多读我的作品。

一九八八年十月十七日

题文集珍藏本

一九九二年十二月四日,我刚吃完早饭,走出独单,百花文艺出版社的社长,还有一位女编辑,抱着一个纸盒子,从楼下走上来,他们把《孙犁文集》这一部书,放在我的书桌上,神情非常严肃,连那位平日好说好笑的女编辑,也一言不发,坐在沙发上。

这是一部印刷精美绝伦的书,装饰富丽堂皇的书。我非常兴奋,称赞出版社,为我办了一件大事,一件实事。女编辑郑重地说:"你今天用了'很好''太满意了'这些你从来很少用的词儿。"

我告诉她:我走上战场,腰带上系着一个墨水瓶。我的作品,曾用白灰写在岩石上,用土纸抄写,贴在墙壁上,油印、石印和土法铅印,已经感到光荣和不易。我第一次见到印得这样华贵的书。

有好几天,我站在书柜前,观看这一部书。

我的文学的路,是风雨、饥寒,泥泞、坎坷的路。是漫长的路,是曙光在前、希望的路。

这是一部争战的书,号召的书,呼唤的书。也是一部血泪的书,忧伤的书。

争战中也含有血泪,呼唤中也含有忧伤,这并不奇怪,使人难过的是:后半部的血泪中,已经失去了进取;忧伤中已经听不见呼唤。

渐渐,我的兴奋过去了。忽然有一种满足感,也是一种幻灭感。我甚至想到,那位女编辑抱书上楼的肃穆情景:她怀中抱的那不是一部书,而是我的骨灰盒。

我所有的,我的一生,都在这个不大的盒子里。

一九九三年十一月一日

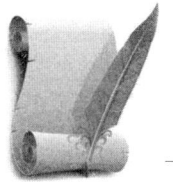

文场闲话

云斋琐谈

谈"打"

我住的屋子,是旧式建筑。虽然高大,但采光不好,每到生炉子以前这一段时光,阴冷得很不好过。夜晚看书,也要披上一件大棉袄。

这件大棉袄,也很有年代了。是一九六六年冬天,老伴为我添制,应付出去"开会"穿的。在当时,这还算是时兴式样,现在很少见到有人穿了。我第一次穿着它去"开会"时,还有革命群众看不惯,好像说我没有资格再穿一件新棉袄。后来我就很少穿它,只穿一身破烂不堪像叫花子一样的衣服。

其实是妄然的。我眼前的文章,写的是赵树理的"最后五年"。说他只是回答了一句问话,就被一个素不相识的、五大三粗的汉子,当胸击了一拳,赵应声倒地,断了三根肋骨,终于造成他的死亡。

哪里来的这么大的仇恨?是出自无产阶级感情吗?好像又不是。因为文章说这只是一个"恶棍"。

一个恶棍,一拳打断一个作家的三根肋骨。在当时,这被称作"革命",现在读到这里,确是不能不感到身上有些发凉了。

在那些年月里,说句良心话,我是没有挨过多少打的。只是在干校单独出工时，冒犯了当地农场的几个坏孩子，当我正在低头操作时，一块馒头大小的碎砖飞来，正中我的头顶，如果不是戴着一顶棉帽，很可能脑浆飞迸，当场死亡了。

那时我被定上了一些罪名。有些人定我为某某"黑帮"，这是出于他们的"常识"，且不去谈它。又说我是某某和某某的死党。前者为本市的文教书记，后者为宣传部的副部长。这个罪名，一直延续到"文革"后期，好像是定论似的。最后一次叫我写材料，那位办事人还惋惜地说：

"看，和他们搞到了一起！"

对此，我从来没有辩解过，只是沉默着。我渐渐明白，这完全是一些人的政治权术。他们从以上两位得到的实惠，要比我多，关系也密切得多，却反过来说我是死党。那时候，革命群众要保一些人，也要打倒一些人。作家是没有人保的。保你干什么？你不过是一个作家，能给人家什么好处？打倒你，得罪了你，你也不过是一个作家，能有什么权力报复？所以，作家被首先打倒，这是理所当然的事。其实，他们也知道，我这个人落落寡合，个人主义严重，是很难与人结为死党的。

以上是对保与打的一般理解。但对那些打手的心理状态，又如何分析呢？我初步揣想，可能有以下几种情况：

一、对共产党有刻骨仇恨，借机报复。

二、不逞之徒想因缘林彪、"四人帮"的政策上台，捞一官半职。

三、流氓无赖打蹭拳、充威风。

如果遭害者是一个作家，还有一种心理激动，那就是嫉妒。进城以后，有稿费一说，遂使一些人认为作家一行是摇钱树，日进斗金，羡慕非常。再加上江青倡言稿费是"不义之财"，乃打出手，以快其意。

其实像赵树理这样的作家，虽承担有钱的虚名，在他有生之日，是没有什么金钱欲，也没有享受过什么物质福的。他追求的是艺术成就，衣、食、住、行，都不及其他行当的人讲究。而一遇什么运动，他却常常被首先揪出示众，接连不断地作检讨。

赵树理的最后五年，过去又有好多岁月了。我想，像那个"五大三粗"的人，生活得还是很好的，也不会有什么忏悔之意吧。他可能打了一些人，也可能还保了一些人。这就很难说了。

看书看到这里，就越感到当前政治清明，太平盛世的可贵了。向前看吧！

一九八三年十月二十二日

文学与乡土

《农村青年》杂志就要创刊，编辑同志要我对农村爱好文学的青年讲几句话，我高兴地答应了。

我是在农村长大的，先后在农村生活、工作，近三十年。我很爱我的故乡，虽然它经历了长期的苦难和贫困，交通不便和文化落后，经历了频繁的战乱和天灾，无数农民流离失所。但我一直热爱它，留恋它，怀念它。直到现在，我已经很老了，还经常不断地做梦，在它那里流连忘返。

古今中外，都有许多作家，许多作品，描述他们的可爱的故乡。

农村是个神秘的，无所不包容，无所不能创造的天地。农村能产生桑麻，能产生五谷，能产生各种能工巧匠，当然也能产生艺术家、作家。

故乡，故乡的水土，故乡的风俗人情，在它产生的作家手中再现。

故乡，用母亲的乳汁，养育着它的歌手，像用它的水土培育禾苗树木一样。

故乡有遍地花开，有参天大树。谁对它的爱真诚、深厚，谁的根就扎得深，就越能吸到更多的乳汁。谁的发育也就会越好，长得高大茂盛。

俗话说："热土难离"。故乡就是文学的热土。

你越是热爱它，你就越能了解它，你就越能表现它。

故乡像诚朴的农民一样，像勤劳的母亲一样，不喜欢三心二意的、华而不实的孩子。

你如果爱好文学，你就得先热爱你的乡土。

当然，热爱乡土，熟悉乡土，还只是积累生活的过程。此外，还有积累知识的过程，熟练技巧的过程。

不能把你的眼光，只放在那一亩三分地上；也不能把你的感情，只放在孩子、老婆、热炕头上。

有些农民出身的作家，作品得不到长足的进步，就常常是因为眼光短小了一些。

一九八四年三月十七日午后

谈　　死

国庆节，帮忙的人休息，儿子来给我做饭，饭后我和他闲谈。

我说：你看，近来有很多老人，都相继倒了下去。老年人，谁也不知道，会突然发生什么变故。我身体还算不错，这是意外收获。但是，也应该有个思想准备。我没有别的，就是眼前这些书，还有几张名人字画。这都是进城以后，稿费所得，现在不会有人说是剥削来的了。书，大大小小，有十个书柜，我编了一个草目。

书，这种东西，历来的规律是：喜欢它的人不在了，后代人就把它处理掉。如果后代并不用它，它就是闲物，而且很占地方。你只有两间小房，无论如何，是装不下的。我的书，没有多少珍本，普通版本多。当时买来，是为了读，不是为了买古董，以后赚钱。现在卖出去，也不会得到多少钱。这些书，我都用过，整理过，都包有书皮，上面还有我胡乱写上的一些字迹，卖出去不好。最好是捐献给一个地方，不要糟蹋了。

当然捐献出去，也不一定就保证不糟蹋，得到利用。一些图书馆，并不好好管理别人因珍惜而捐献给他们的书。可以问问北京的文学馆，如果他们要，可能会保存得好些。但他们是有规格的，不一定每个作家用过的书，都被收存。

字画也是这样。不要听吴昌硕多少钱一张，齐白石又多少钱一张，那是卖给香港和外国人的价。国家收购，价钱也有限。另外，我也就只有几张，算得上文物，都放在里屋靠西墙的大玻璃柜中，画目附在书籍草目之后，连同书一块送去好了。

儿子默默地听着，一句话也没有说。大节日，这样的谈话，也不好再继续下去，我也就结束了自己的唠叨。儿子对一些问题，会有自己的想法。我的话，只能供他参考。我死后，他也会自作主张，他已经是四十多岁的人了。

我有些话，是不愿也不忍和他说的。比如近来读到的，白居易的两句诗"所营惟第宅，所务在追游"，在我心中引起的愤慨。还有，前些日子，一位老同志晚间来访，谈到一些往事，最后，他激动地拍着两手，对我说："看看吧，我们的手上，没有沾着同志们的血和泪！"在我心中引起的伤痛，就不便和孩子们讲。就是说了，孩子们也不会了解我们这一代人的心情的。

其实，生前谈身后的事，已是多余。侈谈书画，这些云烟末节，更近于无聊。这证明我并不是一个超脱的人，而是一个庸俗的人。曾子一生好反省，临死还说："启吾手，启吾足。"他只能当圣人或圣人的高足，是不会有什么作为的。历代的英雄豪杰，当代的风流人物，是不会反省的。不只所作所为，他一生中说过什么话，和写过什么文章，也早已忘记得干干净净了。

王羲之说：死生亦大矣。所以他常服用五石散，希望延长寿命，结果促短了寿命。苏东坡一生达观，死前也感到恐怖。僧人叫他向往西方极乐世界，他回答说实在没有着力处。总之，生，母子虽经过痛苦，仍是一种大的欢乐；而死，不管你怎样说，终归是一件使人不愉快的事。

在大难之前，置生死于度外，这样的仁人志士，在中国，历代多有。在近代史上，瞿秋白同志，就义前的从容不苟，是最使后人凛凛的了。毕命之令下，还能把一首诗写完。刑场之上谈笑自若。这都是当时《大公报》的记载，毫无私见，十分客观。而"四人帮"的走狗们，妄图把他比作太平天国的李秀成，不知是何居心。这些虫豸，如果不把一切人一切事物，都贬低，都除掉，他们的丑恶形象是显现不出地表的。而一旦暴露在光天化日之下，他们又迅速灭亡了。这是另一种人、另一种心理的死亡。他们的身上和手上，沾满和浸透了人民的和革命者的血和泪。

一九八五年十月十八日

谈 照 相

自从五十年代，患病以后，我就很少照相，每逢照相，我总感到紧张，头也有些摇动。这都是摄影家的大忌。他们见到我那不高兴的样儿，总是说：

"你乐一乐！"

然而我乐不上来，有时是一脸苦笑，引得摄影家更不高兴了，甚至有的说：

"你这样，我没法给你照！"

"那就不要照了。"我高兴地离开座位。不欢而散。

当然，有的摄影家，也能体谅下情。他们不摆弄我，也不强求我笑，只是拿着机子，在一边等着，看到我从容的时候，就按一下。因此，这几年还是照了几张不错的照片。其中有毕东、张朝玺、于家祯的作品。

今年，来找我照相的，忽然多起来，比要我写稿的人还多。我心里是明白的，我老了，有今年没明年的，与朋友们合个影，留个纪念，是我应尽的义务。所以，凡是来照的，不管认识与否，年长年幼，我总是不惜色相，使人家满意而去。

但还是乐不上来。虽然乐不上来，也常常想：为人要识抬举，要通情达理。快死了，弄到这样，算是不错了。那些年，避之惟恐不及，还有人来给你照相，和你合影？

当然也不是一张没照过。有一次批斗大会，被斗者站立一排，都低头弯腰，我因为有病，被允许低头坐在地上。不知谁出的主意，把摄影记者叫了来，要给我们摄影留念。立着的还好办，到我面前，我想要坏。还好，摄影记者把机子放在地上，镜头朝上，一次完成任务。第二天见报，当然是造反小报，我的形象还很清楚。

一九五二年吧，中国作家协会召开大会。临结束那一天，通知到中南海照相。我虽然不愿在人多的场合照相，但这是不能不去的。记得穿过几个过道，到了一个空场。凳子都摆好了，我照例往后面跑。忽然有人喊：

"理事坐前面！"

我是个理事，只好回到前面坐下，旁边是田间同志。这时，有几位中央首长，已经说笑着来到面前，和一些作家打招呼。我因为谁也不认识，就低头坐在那里。忽然听到鼓起掌来，毛主席穿着黄色大衣，单独出来，却不奔我们这里，一直缓步向前走。走到一定的地方，一转身，正面对我们。人们鼓掌更热烈了。

我也没看清毛主席怎样落座，距离多远。只听田间小声说：

"你怎么一动也不动？"

我那时，真是紧张到了屏息呼吸，不敢仰视的地步。

人们安静下来，能转动的大照相机也摆布好了。天不作美，忽然飘起雪花来,像虽然照了,第二天却未能见报,大概没有照好吧。

一生只有这样一次机会,也没能弄到一张值得纪念的照片。

倒霉的照片能见报,光彩的照片不能见报。在照相一事上,历史总是和我开玩笑。

照相虽是个人的写真,然也只能看作浮光掠影。后之照,我为理事,坐于前排,前之照,则为黑帮,也坐于前排。都已经是过去的事了。

我青年时期的照片,经过战乱,都找不到了,亲朋故旧,都无存者。我很想得到一张那时的照片。那时的表情,一定是高兴的,有笑容的。

一九八六年四月四日,清明前一天

照 相 续 谈

他们给我照相的时候,总是提议我拿起一本书,好像我时时刻刻都在学习。有的人,还叫我拿着一支香烟,好像这样更能表示我是个有灵感的人。时间长了,凡是来了有这种爱好的摄影家,我总是自动摆出这样的姿势,以致摄影家非常高兴,认为我是个很有经验的,懂得摄影艺术的行家里手。

近几年来,各种文艺刊物上,都大登作者的照片,全国性的刊物,有全国性的规格,地方性的刊物,有地方性的规格。有时干脆就把作者的照片,登在他的作品的前面,使你既能读到他的文章,又能领略作者的风采。一举两得,图文并茂。这些作者,多半是执卷攻读,或奋笔写作,手里拿着一支香烟,身后放着一个或几个书架。

我模仿着这种姿势,适应着时代的认识结构。

有的刊物向我索用照片。好的照片,我是吝于寄出的。常寄一些我不喜欢的照片给他们。因为原照总是收不回来。这种办法,当然不太好，正像我外出旅行时，不愿穿像样的衣服一样。

因为别无所求，在刊物露过几次以后，我就不想再干这种事儿了。我觉得这有点像做广告。

青年时，在大城市的照相馆门前，常常见到督军、巡阅使的大幅照片，后来又常常见到名伶、明星的大幅照片。这些照片，说是宣传个人也可，说是代照相馆做宣传也可。

刊物如果同时安排几个作者的照片，是颇费心机的。谁高谁低，谁大谁小，谁前谁后，是有讲究的。在这一期，某人的官职高些，照片放得也就高些。下一期，此人官衔没有了，马上就会落了下来。

过去，在文艺界，是没有这么多讲究的。前些日子，我见到人权保障同盟的一张旧照片，宋庆龄、蔡元培、鲁迅、胡愈之，随便在那里一站就行了，很自然。

现在，如果是在名山胜地举行笔会，一群作家室外合影，就得有一个有政治头脑的人，认真安排一下。一般官衔高而得奖重者居中。主办单位的负责人，如出版社长、刊物主编次之。其中奖又分大奖、全国奖、地方奖。刊物有名牌不名牌之分。当我与人合影时，总怕站错了位置。僭越固然不好，充当站立两厢的角色又有些不甘。临阵非常局促。好在我不大出去，在自己庭院或自己房间里照，就随便得多，即使几个青年朋友，把我拥在上座，也就居之不疑了。

读了一部好作品，心里喜欢、仰慕，就想看看作家是个什么样儿，这是人之常情。古代没有照相，插图本的文学史上，却有很多作家的画像。屈原因为写过《天问》，所以披发昂首；司马迁因为遭过宫刑，所以没有胡须。谁也不会相信，当年的屈原、司马迁，就一定是这个容貌。但有一个像，总比没有好一些，读者心里总算有个影儿了。所以曹雪芹的一张假画像，还有人在那里争论不休。

感谢湖南人民出版社，送我一本《托尔斯泰文学书简》，这是一本很好的读物。其中有高尔基和托翁的通信。

高尔基在一封信中写道：

　　如果您有给别人相片的习惯的话，那就请您给我一张吧。我恳求您送给我一张。

托尔斯泰送给他一张签名的照片。并在一封信中写道：

　　阿克萨克夫讲过：有些人比自己的书好些（他说的是聪明些），也有些人比较差些。我喜欢您的创作，而我认为您比您的创作更好些。

这不是托尔斯泰只看了高尔基的照片，而是认真研究了高尔基的作品，并与他会面以后，做出的判断。

一九八六年四月十三日晚

风烛庵杂记

一

五十年代末,一位姓王的文教书记,几次对我说:"你身体不好,不要写了,休息休息吧!"我当时还不能完全领会他的好意,以为只是关心我的身体。按照他的职务,他本应号召、鼓励我们多写,但他却这样说,当然是在私下。我后来才体会到,在那一时期,这是对我真正的关心和爱护。

这位书记,已经在"文化大革命"中惨死。他自然也不是完人,也给我留下过不太好的印象。但总起来说,他是个好人。古人称这样的人为君子,君子爱人以德。

二

有那么很多年,谁登台发言,或著文登报,"批判"了什么人,就会升官晋爵。批判的对象越大越重要,升的官位就越高。这种先例一开,那些急功好利之徒,谁不眼红心热?流风所及,斯文扫地。

一九四八年,我当记者时,因为所谓的"客里空"错误,受到一次批判。我的分量太轻，批判者得到的好处，也不大，但还是高升了一步。

冤家路窄，进城以后，我当记者，到南郊区白塘口一带采访时，又遇到了这位同志。他在那里搞"四清"，是工作组的成员。他特别注意我的采访，好像是要看看，经过他的批判，我在工作上有没有进步。有一次，我到食堂去喝水，正和人们闲聊，他严肃地对我说：

"到北屋去，那里正在汇报！"

我没有去。因为我写的文章，需要的是观察体验，并不只是汇报材料。

"文化大革命"期间，这位同志，和我同住一间牛棚。一同推粪拉土，遭受斥责辱骂，共尝一勺烩的滋味，往事已不堪回首矣。

三

凡能厚着脸皮批判别人的人，他在接受别人对他的批判时，脸皮也很厚。"文化大革命"初期，我和一位同志同受批判，台上发言者嗷嗷，台下群众滔滔，他不动声色地坐在那里，光着的两只脚，互相摩擦着，表现得非常悠闲自然。后来"造反派"不断对他进行武斗，又把他关了起来，他才表示屈服。

四

"文革"那几年，编报也真难。每天有领袖像，而且尺寸越来越大。不只前后左右，要注意有无不好的字眼，就是像的背面，也要留心。只要有人指出，有什么坏字坏词，挨上了相片，那就不得了。那时报纸上，咒骂和下流的话语又很多，防不胜防。每日报样印出，必经多人审查，并映日光而照视。虽然"造反派"掌握了新闻大权，也是终日战战兢兢，不知什么时候，成为现行反革命。

五

"文革"时，我们这些"走资派"搞卫生，照例是把纸篓里的脏纸，倒进院里的大铁桶，以备拉走。有一次，不知是谁那么眼尖，看到了从报纸上撕下的一片领袖像。那时，每天的报上，都有大幅领袖像，恐怕是谁一时不留心用了，随手倒进去也就算了。他却捡出来，报告了造反总部。一经报告，又有物证，必须查处。一阵人慌马乱，还终于查出来了。据说是传达室值夜班的一位女同志。这位年纪轻轻的女同志，从此患了神经病，两年以后，投河自尽。

六

现在，我想，人是有君子、小人之别的。古代的哲人，很早就发现了这种区别，并描绘了他们的基本特征。有关小人特征的古语是：见利忘义。势利小人。近之则不逊，远之则怨。小人得势，不可一世，等等。

人，成为君子，或成为小人，有先天的，即遗传的因素，也有后天的，即环境的因素。文化教养，也有影响。古代和近代，都曾有人主张经过教育，可使人成为君子，失去教育的机会，乃成为小人。实际上，一般文化教育，起不到这样的作用。法律和法制，却可以起到这种作用。所以，历代都重视"律"。

抗日战争是一种神圣的民族解放战争，在当时，舍身卫国，志士仁人，到处都可以遇到，人人思义，人人忘利，人人都有可能成为好人。"文化大革命"期间，及其以后若干年，为何随时随地都可以遇到不折不扣的小人之行呢？显然不单单是教育或文化的问题，而是当时的环境,政治土壤,培育了君子之心,或是助长了小人之志的结果。古语说:"小人惟恐天下不乱。""文化大革命"取消了作为国家命脉的法制,使那些小人真的变得"无法无天"了。

一九八六年四月十七日剪贴旧作

我的位置和价值

现在有些青年人，常常谈发现自己，发现自己的价值和位置。我听了感觉很新鲜，也很羡慕。我活了这么多年，过去竟没有发现过自己，也不知道自己的价值如何，位置在哪里。

现在用回忆的方法，重新发现一次。

我在小学读书，在中学读书，共十二年寒窗，都是为了创造自身以后的价值和位置。当我高中毕业以后，第一次找到的职业，是在一个市政机关当雇员，价值是每月二十元。位置是坐在一条破板凳上。第二次找到的职业，是在一个小学校当庶务，价值是每月十八元。位置是在一个并不明亮的小窗户下面。第三次找到的职业，是在一个镇上当小学教师。位置提高到楼上，价值是二十五元。

虽然如此，在以上三个阶段，我仍然穿着长衫，戴着礼帽，那些衙役、校役，对我都点头称先生。走在街上，那些农民，如果有子弟在学校，对我都毕恭毕敬。

参加抗战以后，价值是每天三钱油三钱盐。位置从固定，变为游动，常常走在路上，爬在山上，很难说是一份什么位置了。

土地改革时期，曾被当作石头，从一条众多人围坐的炕上，搬到一个人独坐的炕上，算是变换了一下位置。其实也没有受什么惩罚，受什么罪。

进城以后，我的价值是每月六百五十斤棒子面。可以养家糊口，我的家属，第一次发现了我的价值。而且还有了稿费，用一个朋友的当时的话说，是"日进斗金"。这是社会发现了我的位置——作家。但不久就病了，有些人很为我的价值的即将消失伤心。终于又好了，伤心的不再伤心，又来了"文化大革命"。

一切价值都谈不上了，一切位置都没有了。我到食堂去劳动。有一天帮着师傅们磨豆腐，推磨棍的一端，应该有一块重东西——一块石头或几块砖头坠着。有一位师傅提议，叫我去填补这个位置。

这位师傅和我很熟，并且知道我有病。过去我偶尔到食堂用饭，他总是微笑着把我请到上座，也就是最好的位置，品尝品尝他做的饭菜。我吃完以后，赞美他的厨艺时，他照例地说：

"首长吃好了，身体健康，就是我们的幸福！"

现在，他叫我坐在磨棍上去，是想和我开个玩笑，或者希望我从上面跌下来，形成一个大笑话。

有一天，我被派到招待所去砸煤。砸煤本来应该是在地上，监视我的人，却叫我到煤堆顶上去砸，这就不知是出于什么用心了，但总和位置有关。过去，在他们心里，我的位置太高了。

我原是这家报社的一名编委。"文化大革命"，有案可查的，就是我多年不上班。有人说，十年没有露面。推而演之，定为：白吃饭的人，五个工人才能养活我。

糊里糊涂，"四人帮"垮了，三中全会开了，前不久还说我不劳而食的人们，又都说我贡献最大，是报社的光荣，建议我当名誉社长。虽然没有成为事实，还是给了个顾问的头衔。

我还没有死，以后变化如何，且听下文分解。

论曰：价值与位置，是辩证的统一，其基础为经济与政治。通俗言之，即金钱与时运。一般人，不能自我发现，皆由社会或旁人发现。

西汉之末,有刘盆子,旁人发现他是皇帝。盆子执意放牛,不做皇帝。能这样发现自己的价值和位置的,千古一人而已。

至于写几首诗,发表几篇小说,便吹牛说,发现了什么什么,其不自量,无自知之明,是非碰壁不可的。

一九八八年八月三日改讫

庸庐闲话

我与官场

我自幼腼腆，怕见官长。参加革命工作后，见了官长，总是躲着。如果是在会场里，就离得远些，散会就赶紧走开。一次，在冀中区党委开会，宣传部长主持。他是我中学时同学，又是抗战学院同事。他一说散会，我就往外走。他忽然大声叫我，我只好遵命站住。

因为很少见到别的官，所以见宣传部的官，就成了我的苦事。很长时间，人们传说我最怕宣传部。有一次朋友给我打电话，怕我不接，就冒充宣传部。结果我真的去接了，他一笑。我恼羞成怒，他说是请我去陪客吃饭，我也没去。

我也不愿见名人。凡首长请文艺界名人吃饭，叫我去，我都不去。后来也就没人再叫我了，因此也没有吃好东西的机会。

有一次，什么市的作协，来了一个副主席。本市作协的秘书长来请我去陪客。因为和那个副主席熟识，我就去了。

后来，秘书长告诉我：叫我去，是对口，因为我是本市作协的副主席。我一想，这太无聊了，从此就再也不去"对口"。

文艺界变为官场，实在是一大悲剧。我虽官运不佳，也挂过几次职称。比如一家文艺刊物的编委。今天是一批，明天又换一批，使人莫明其妙。编委成了"五日京兆"，不由自主地浮沉着。我是在和什么人，争这个编委吗？仔细一想，真有点受到侮辱的感觉。以后，再有人约我，说什么也不干了。当然，也不会再有这种运气。

文艺受政治牵连，已经是个规律。进城后，我在一家报社工作。社长后来当了市委书记，科长当了宣传部长。我依然如故，什么也不是。"文化大革命"，我却成了他们的"死党"。这显然是被熟人朋友出卖了（被出卖这一感觉，近年才有）。要说"死党"，这些出卖人的，才货真价实。后来，为书记平反，祭墓，一些熟人朋友，争先恐后地去了。我没有去。他生前，我也没有给他贴过一张大字报。

文人与官员交好，有利有弊。交往之机，多在文人稍有名气之时。文人能力差，生活清苦，结交一位官员，可得到一些照顾。且官员也多是文人的领导，工作上也方便一些。这是文人一方的想法。至于官员一方，有的只是慕名，附会风雅，愿意交个文化界的朋友；有的则可得到重视知识分子的美名。在平常日子里，也确能给予文人一些照顾，文人有些小的毛病，经官员一说话，别人对他的误会，也可随之打消。但遇到像"文化大革命"这样的运动，则对两方都没有好处。官员倒霉，则文人倒霉更大。文人受批，又常常殃及与他"过从甚密"的官员。结果一齐落水，谁也顾不了谁。然在政治风浪中，官员较善游，终于能活，而文人则多溺死了。

至于所交官员，为风派人物，遇有风吹草动，便迫不及待地把"文友"抛出去，这只能说是不够朋友了。

总之，文人与官员交，凶多吉少，已为历史所证明。至于下流文人，巴结权要，以求显达，那又是另外一回事了。

一九九二年一月十日

我 的 仗 义

　　三年前，搬到新居，住在三层。每逢有挂号信件到来，投递员在楼下高声呼叫，我就心惊肉跳，腿也不好用，下楼十分艰难。投递员见我这样，有时就把信给我送上来，我当然表示感谢，说几句客气话。

　　过了一些时候，投递员对邻居抱怨说："这位大爷，太不仗义了。"邻居转告我，我一时明白不过来。邻居说："送他点东西吧，上楼送信，是分外劳动。"过年时，我就送了他一份年历，小伙子高兴了，我也仗义了。

　　其实，我青年时很热情，对朋友也是一片赤诚，是后来逐渐消磨，才变成现在这样不"仗义"。

　　我曾两次为朋友仗义执言。一次是"胡风事件"时，为诗人鲁君，好像已经谈过，不再详记。另一次是为作家秦君，当时他不在场，事后我也没有谈过。

　　一九四六年，我回到我的家乡工作。有一次区党委召集会议，很是隆重，军区司令员、区党委组织部长，都参加了。在会上，一个管戏剧的小头头，忘记了他姓什么，只记得脸上有些麻子，忽然提出："秦某反对演京剧，和王实味一样！"

　　我刚从延安来，王实味是什么"问题"，心里还有余悸。一听这话，马上激动起来，往前走了两步，扶着司令员的椅背，大声说：

　　"怎么能说反对唱京戏，就是王实味呢，能这样联系吗？"

　　我的出人意外的举动，激昂的语气，使得司令员回头望了望，他并不认识我。组织部长和我有一面之交，替我圆了圆场，没有当场出事，但后来在土地会议时，还是发生了。

　　仗义，仗义，有仗才有义。如果说第一次仗义，是因为我自觉与胡风素不相识，毫无往来，这第二次，则自觉是本地人，不会被见外。

现在，我可以说，当时有些本地人是排外的。秦是外来人。他到冀中，我那时住在报社，也算客人。秦来了，要吃要住，找到我，我去找报社领导，结果碰了钉子。

在秦以前，戏剧家崔君，派来当剧团团长，和本地人处得不好。结果，在一次夜间演出时，被群化了装的警卫人员，哄打一顿，又回了原单位。

文艺界，也有山头，也怕别人抢他的官座。这是我后来慢慢悟出的道理。

秦后来帮我编《平原杂志》，他也会画。有一期封面，他画的是一个扎白头巾的农民，在田间地头，用铁铲戳住一条蛇。当时，我并没有看出他有什么寓意。很多年以后，我才悟出，这是他对地头蛇的痛恨。好在当时地方上，也没有人注意到这一点。不然，那还了得。

自秦以后，我处境越来越不好，也就再也不能仗义了。

一九九二年三月二十四日

排外的又一例是：写小说的孔君，夫妻俩来这里下乡写作。土地会议时，三言两语，还没说清楚罪名，组长就宣布开除孔的党籍。我坐在同一条炕上，没有说一句话。前几天，我已经被"搬了石头"。

其实，外地人到这里来，如果能和这里的同行，特别是宣传干部处得好，说得来，就不会出这种事。无奈这些文艺工作者都不善交际，便被说成自高自大。随后又散布流言，传给领导。遇到时机，就逃不脱。因为领导对这些外来者，并不了解，只听当地人汇报。

四月三日晨补记

编　后　记

　　读孙犁，要了解孙犁。孙犁最大的一个特点，是从不隐瞒自己，对读者敞开胸怀，赤诚相见。他的文章，既是自己的真情流露，也是与读者的心灵交流与彻谈。他曾表示："我的作品自传成分多。"晚年，有人来看他，他都要送上两本书：一本是《风云初记》，一本是《芸斋小说》。甚至还讲："我的生活，全在这两本书里，从中你可以了解我的过去和现在，包括我的思想和感情，可以看到，我的兴衰、成败，及其因果。"其实，何止于此。他的晚近之作，如散文、随笔、读书记，以及文学批评，都有他鲜活个性、独立人格精神的表现，都可辨识出他的面影和声音。

　　孙犁，即是真实的自我。

　　人如此，文亦如此。

　　于是，我们捡拾到研究孙犁的一把钥匙。

　　基于此，我们编辑了这本《孙犁论孙犁》，让读者观瞻孙犁怎么说明自己，解读自己。

　　由此，平添出孙犁研究的一个新"窗口"。

　　本书分为五辑：一是，生平自述，即有关他的自传，人生历史。有的篇章，虽然是散文、小说的形式，但事实可鉴，史胜于文，少有编造和虚构，所以，也被编入。二是，文学与生活的路。这部分中的文章，多是与他的文学道路、文学经历有关涉的，呈现出他那由"文学而革命"，继之，由"革命而文学"的生命历程，与人生行履。三是，文字背后的孙犁。这一部分，主要选辑孙犁为自己作品所作的序跋、后记文字，还有部分书信，真切地反映了他创作这些作品时的心境和价值趋向，一些鲜为人知的生活细节，宛如在眼前。四是，关于创作的对话。这部分内容，是孙犁文学思想、艺术观念、美学理想的核心，它较集中、详备地凸显着孙犁的文艺视界和人文天地。其中，有他与名家的多次长篇谈话；更多的是，和作家之间，关于创作的对谈和交流，甚而，还提出一些很有价值的研究话题。五是，文场闲话。晚年孙犁，面对斑驳芜杂的文坛，感叹难止，感触良多。所选的文字，虽是一些无奈之声，却尽是劝世悟道箴言；发人深省，弥久不衰，大有凿石入木之痛，无论当时，乃至现今，光芒依旧。

编选者

2016年6月